哲学の世界へようこそ。

答えのない
時代を
生きるための
思考法

岡本裕一朗

ポプラ社

レッスン7 「転売」を考える――どこまで売り物にできるのか？

レッスン8 「仕事」を考える――働かない生活はありか？

第1部

生きるとは、考えること

哲学者以前の君へ

生きること、考えること

この本は、ある物事や事象に対し、まず「**直感**」をもとに立場を決め、それを正当化しうる「**理屈**」を組み立てる方法を伝えるために書かれたものだ。

いわば、**「考え抜く力」を養うためのレッスン。**

しかし、考えることは面倒だ。

まして「レッスン」ともなれば、とてもシンドそうだし、そもそもそんなレッスン、ほんとうに生きる上で必要なの？　もっと楽しい話題をくださいよ——。

このように思われるかもしれない。

たしかに、生きていくことが楽しいことの連続で、何も考えずとも望みが満たされるものであるならば、ことさら考え抜く必要などない。神ならば、そういう生き方も許されるだろう。

ところが、**残念なことに私たちは人間だ。**いつだって望みが実現するわけではないし、苦しいことや悲しいことも当たり前に起こるのが人生である。

ニーチェという哲学者は、若いころに『悲劇の誕生』という本を書いた。その中で彼は、ギリシアの民間で語られているという〝伝説〟を紹介しながら、**「人間にとって最もよいことは何か？」**と問いかけている。

君だったら、この問いにどう答えるだろうか。

モテること？　金持ちになること？　成績がよくなること？

ほかにもいろいろあるかもしれない。

ニーチェの提示した答えはこうである。

「人間にとって最もよいことは、生まれなかったことなのだ」

こんな答えを、果たして君は予想しただろうか。

「生まれなかったこと」が「最もよいこと」とはどういうことだろう。

たとえば、こんな経験があるかもしれない。親と対立したり、信じていた友だちに裏切られたり、受験に失敗したり、好きな子にフラれたり……そういうことがあって、生きていくのがほとほと厭《いや》になった経験が。

そのとき、君は失意の底で、「こんな思いをするくらいなら、いっそ生まれてこなければよかった！」と思うのではないだろうか。

「生まれてこなければ、こんなにも苦しい思いをすることはなかったのに！」と。

しかし、私たちはすでに生まれてしまっている。

「生まれてこなかった」ことなど不可能だ。

とすれば、今、生きている私たちにできるのは、苦しい出来事や理不尽な状況に直面したときに、それに立ち向かい、自分なりの答えを出していくことだけである。

そのときに味方になってくれるのが、「考え抜く力」だ。

この本では、君が社会の常識や理不尽に流されることなく、自分の頭で物事を考え抜けるようになるための方法論を、「**8つの思考実験**」を通して提供していきたいと思っている。

もし君に「考え抜く力」がなかったとしたら……。

おそらく、世の中の通りいっぺんの固定観念や、自分勝手な思い込みによって、なんとなく日々をやり過ごしていくことになるだろう。どんな理不尽も、甘んじて受け入れなければならなくなるかもしれない。そしていつしか、悩むことも苦しむことも忘れ、ガチガチに頭の凝り固まった〝つまらない大人〟になるのだ（ヘタをすれば、年下に〝常識的な説教〟を垂れ流しているかもしれない）。

そんな大人に、君はなりたいだろうか？

むしろ、日ごろからそういう大人——たとえば親や教師、先輩や年長者たち——の型通りのお説教にウンザリしているのではないだろうか。もしそうであるならば、「考え抜く力」を身に付けてほしい。「考えること」の基本型を盗んでほしい。**「考える」って楽しくて自由なことなんだ、**と知ってほしい。

「わかった」風の大人たちを疑え

では、この本では、具体的にどういうことを考えていくのだろうか。

たとえば、**「ウソをついてはいけない」**と大人たちは言う。おそらく君も、小さいころから家や学校で嫌というほど聞かされてきたはずだ。たしかに、ウソをついてお金を騙《だま》し取る詐欺《さぎ》などは法律で禁止されているし、禁止されてしかるべきである。

しかし「ウソをつく」ことは、**どんな場合でも「いけないこと」だろうか？**

哲学者の**カント**の有名な問いに、**「友人を殺人者から守るためのウソは許されるか？」**というものがある。

君の家に友人がやってきて、殺人者に追いかけられているのでかくまってくれと頼む。君はそれを引き受ける。のちに殺人者が家にやってきて、「○○（友人）はいるか？」とたずねてくる。君はこのとき、「そんな人はいない」とウソをついてもいいかどうか――。

大人にたずねたら、ほとんどの人が**「この場合はウソをついてもいい」**と答えるだろう。友人を助けるためのウソなら許される。「ウソも方便《ほうべん》」ということわざがあるように、ときとして「ウソ」はついてもいいのだ、と。

ここで君は、大人たちの「矛盾」に気づかねばならない。そして問い直すべきだ。もしそうであるならば、**「ウソをついてはいけない」という常識自体、そもそも妥当ではないのでは？**と。

「ウソ」ってほんとうは、ときどきならついてもいいのだろうか。実際、ウソを一度もつかずに生きてきた人などほとんどいないだろう。しかし、**「ウソはどんなときに、どの程度であればついていいの？」**と、大人に聞いたところで、明確に答えることができる人はほとんどいない。

このように、君たちはまず、**理屈をきちんと説明できないのに、ただやみくもに押し付けられるルールや常識が世の中にはある、**ということを知るべきだ。

もうひとつ、「喫煙《きつえん》」の問題について考えてみよう。法律では20歳未満の喫煙は禁止されている。理由として挙げられるのは「健康への害」である。つまり、健康に害があるから、未成年者は喫煙してはいけない――と。

だが、この理屈も明らかにおかしい。

だって、喫煙は大人の健康にもいいわけがない。なのになぜ、大人には喫煙が許されているのか。そもそも、健康に害のあるものを、どうして売り出すことが許されているのか。しかも、昔は国がそれを独占的に販売までしていたのである（そういえば、大麻《たいま》はなぜ子どもも大人も禁止されているのだろうか）。

「健康に害がある点は同じなのに、未成年者にだけ喫煙が禁止されているのはなぜ？」

この理由をまともに説明できる大人も、やはりほとんどいないだろう。

このように、これまでも、これからも、日常の中で常識的に正しいとされていることに対して、直感的に「なぜ？」と思うことがきっとある。**そのとき、「それってほんとうに正しいの？」と問い直してみると、その根拠は必ずしも明確でないことが多い。**それどころか、いかに多くの大人が、なんの疑いもなくあいまいな常識を強制してきたのかもわかるだろう。

君たちには、こうした「当たり前」に思われていること、大人たちが「わかったつもり」で済ませていることを、あえて疑ってみてほしいのだ。

ソクラテスはなぜ死刑になったのか？

私はずっと哲学の研究をし、また大学などで何十年も哲学を教えてきた。哲学とはだいぶ長いお付き合いとなるわけだが、実を言えば、**哲学の歴史がはじまったのも、まさに同じような状況からだった。**

古代ギリシアの哲学者、**ソクラテス**は、社会の中で常識とされている知識が「ほんとうに正しいのか」を確かめたいと思った。というのも、彼にはその知識が**「どうして正しいのか」**がよくわからなかったからだ。

たとえば、**自分の利益のために行為するのは、悪いことなのかどうか。**

学校では、困った人がいたら援助するようにと教えられる。もしそこで自分の利益を優先して行動すれば、「利己主義」として非難されることになるだろう。

しかし、世の中の人は、ほんとうのところでは「自分の利益」を優先して生きてい

るのではないか？　もしそうでなかったら、先生たちだって、自らの給料の大半を慈善事業に寄付しなければならない。

　そもそも、自分の利益を第一に考えることは、どうして悪いことなのだろうか。逆に、他人のために自分を犠牲にすることは、どうして良いことなのだろうか。「良い」とか「悪い」とかって、どういう理屈にもとづいているのだろうか。

ソクラテスは、社会的に「正しい」とされている常識が、「なぜ」正しいとされているのかに納得できなかった。だからこそ、社会の中で「知識人」とされている有力者たちに聞いてまわることにしたのである。

　そこでの会話は、こんな具合に進んでいく。

ソクラテス　（有力者の）〇〇さん、ちょっと教えてほしいのだけれど。
有力者　どういうことだね。
ソクラテス　「良い」とか「悪い」とかいうのは、どういうことかを教えてほしいのです。

こうした「問い」がさまざまな角度からぶつけられることで、**知識人と見なされる有力者たちが、その知識を裏付ける根拠をいかに知らないかが暴露《ばくろ》されたのだ。**ソクラテスはこのように、私たちが「いかに知らないか」を明らかにすることから哲学をはじめた。これがかの有名な「**無知の知**」である。

君たちもソクラテスと同じように、**たくさんの「なぜ？」「どうして？」という直感を大切にしてみよう。**その姿勢が、「考え抜く力」を身に付けるための鍵《かぎ》となる。

子どもは生まれながらに「哲学者」なのか？

それにしても、このソクラテスのやり方って何かに似ていないだろうか？**ソクラテスの「哲学的な問い」は、まだ小さな子どもが大人に発する「素朴《そぼく》な疑問」と一見、同じように思えるのだ。**

子どもはよく、親や教師に「なぜ？」と問いかける。だからだろうか、巷《ちまた》ではこんなことが言われる。大人の回答に満足することなく、「なぜ？」と問い続けられる子どもは〝**生まれながらの哲学者**〟なのだ、と。

しかし、そんなわけがない。たしかに、大人たちの常識に毒されていない子どもは、それに惑わされることなく、思ったままのことを口にする。型通りの見方しかできない大人にとっては、子どもの言葉はさぞ新鮮に見えるだろう。

たとえば、子どもが「**心はどこにあるの？**」と問うたとき、おそらく多くの大人は即座に返答できない。というのもこの問いは、**哲学における基本的な問いのひとつ**なのだから。こんな経験をすると、ますます「子どもは哲学者である」と言いたくなる。

それでもなお、「**子どもの問い**」**と**「**哲学者の問い**」**は、似ているようでまったく違う。**まず、子どもが大人に問いを発するとき、子どもはまだ、大人が持つ常識を身に付けていない。つまり、常識そのものを知らない。知らないからこそ、子どもは常識に反する質問を平気でする。

つまり、**子どもは、単に常識について**「**問うている**」**だけなのだ。**

これに対して、哲学者が問いを発するとき、それは常識を知らないから聞いているのではない。**常識を知った上で、あえてその根拠を**「**問い直している**」**のである。**「常識的にはこうだ」と思われているけど、「それって正しいの？」「その根拠は？」と意識的に問題化しているわけである。この違いは決定的だろう。

「哲学」とは、常識がすでに出来上がっていることを前提にしつつ、それをあえて解体しようとする試みなのだ。

常識を知ったときにはじめて「哲学」がはじまる

こうしたソクラテスの態度は、「**アイロニー**」と受け取られた。すでに知っていることを、あたかも知らないかのようなフリをしたからである。

子どものように、知らずに聞いているのならまだ可愛げがあるが、知っているにもかかわらず「教えてほしい」と言ってくるのだから、**哲学者とは本来、あまり感じがよくないヤツらなのだ。**子どもらしいとされる素朴な問いかけと、ちょっと嫌味な哲学の問い直しは、きっぱりと分けて考えたほうがいい。

しかし、常識を知らなかった子どもたちも、やがては成長し、大人になる。いつしか無邪気な態度は忘れられ、社会の常識を身に付けていく。**哲学がはじまるのは、まさにここからだ。**

問い直すべき常識を知らなければ「哲学」などできない。

常識を身に付けてもなお、問い直すことができるのが「哲学者の条件」である。

ここでもうひとつ、子どもについての誤解を取り除いておきたい。先ほど、子どもたちはまだ常識に毒されていないと書いたが、実はこの表現には注意が必要だ。

たしかに、子どもはまだ大人ほど常識が出来上がっていないので、そこから生まれる偏見をある程度は免《まぬか》れている。けれども、偏見をまったく持たないわけではない。むしろ、**子どもはときに、大人よりもストレートに偏見を表出させる。**

私は、子ども時代に引っ越しを何度か経験した。小さな町に引っ越したときには、「よそ者」として何度もいじめられた。そのときいじめてきた子どもたちの態度は、彼らが生まれつき持っていたものではなく、周囲の大人の偏見を素朴に反映したものだったのだろう。

子どもは、親や学校、地域やメディアなどを通して考えを形成する途上にある。だからこそ、周囲がそのときどきに持っている偏見をそのまま引きついでしまうことがあるのだ。**差別意識の強い環境で育った子どもが、差別意識と無縁でいられるはずがない。**

このように考えると、完全にピュアな心を持った子どもなどというのは幻想にすぎないし、彼らの素朴な態度をそのまま認めることは危ないことがわかる。
子どもたちは生まれながらの哲学者なのではなく、「哲学者以前」の存在なのだ。

「考え抜く力」とは何か

今、私はこの文章を、高校生や大学生が読んでくれることを想定しながら書いている。それは、この年代の君たちがまさに、「常識」を身に付ける過程にあるからだ。

君はもうある程度の常識をすでに知っているだろうし、場合によってはそれを窮屈《きゅうくつ》に感じていることだろう。**その直感的なモヤモヤを大切にしてほしい。なぜその違和感が生じたのかを徹底的に検証してみてほしい。**そのために必要な「考え抜く力」を伝えるのが、本書の狙いである。

では、この力はいかにして磨かれるのだろうか。実際のレッスンは第2部に譲《ゆず》るとして、ここでは試しに簡単な問題を考えてみよう。

君は今、校則の厳しい学校に通っていて、しかもそれにウンザリしているとする。その学校には、**「髪を染めてはいけない」**というルールがあるからだ。

この校則を問い直すには、どのように考えていけばいいのだろう。

実は、「考え抜く」ためには**4つのステップ**がある。これは、**君の直感を理論武装するための思考法**でもある。

ステップ1　直感をもとに立場を決める
↓「君がその立場を選んだ根拠は？」
ステップ2　根拠に説得力を持たせる
↓「その根拠はどれだけ妥当か？」
ステップ3　別の観点から問い直す
↓「より納得のいく根拠はないか？」
ステップ4　使える結論を導き出す
↓「感情ではなく理性にもとづいた結論か？」

出発点は、校則に対して君が抱いた**素朴な直感**である。これは違和感と言ってもいい。まずはその直感をもとに、賛成か反対かの立場を決めよう。

たとえば、どれだけ他人が「そんな校則はおかしい！」と述べたとしても、君が別に「おかしい！」と思わないのなら、あえてその問題を考える必要はないだろう。しかし、反対の立場はもちろんのこと、賛成の立場を取るとしても、「なんでこれを正しいと思えるの？」と問われたときに、君はそれに応答しなければならない。**どちらの立場にせよ、自分なりに理屈を通せることが重要なのだ。**

立場を決めたら、その立場を選んだ**根拠**（**理由**）をぼんやりとでもいいから口にしてみよう。たとえば、「個人の自由の問題だから、学校に口出しされる筋合いはない！」「本人の個性だからいいじゃないか！」といった具合に。

ただし、この時点では、君たちの言葉は大人たちに単なる「不平不満」として片付けられてしまいやすい。そこで次のステップ、**根拠に説得力を持たせるのだ。**ここでは歴史的に考えてみたり、論点となる概念について検証を加えたりすることになる。

たとえば、**「自由」について過去に論じた人はいないかを調べてみる。**すると、**ミルという哲学者の『自由論』**があることに気づくはずだ。君はそれを引き合いに出して、「自己決定の原理」に訴えることができるかもしれない。「髪を染めたからといって、他人に危害を与えるわけではないのだから、その自由を奪わないでほしい」と。

あるいは、**「個性」**という概念を用いることで、その校則を批判できるかもしれない（「個性尊重の原理」とでも名付けておこう）。「個性とは個人の基本的な権利である。この校則はその侵害だ。個性は守られなければならない」云々《うんぬん》……。

だいぶもっともらしくなってきたが、不十分。あらゆる反論を想定し、もう一段階、考えてみてほしい。**自らの根拠を、別の観点から問い直すのだ。**ここで一気に思考のグレードが上がる。自分の表明した根拠を自己批判したり、根拠のための根拠をひねり出したりする必要が出てくるからだ。

たとえば「自己決定」について。他人に危害を与える自己決定は許されない、という点については同意できるし、それは許されなくて当然だ。**でも、髪染めはほんとうに、他人に危害を加えていないと言えるのか？**

「若者の髪染め」という行為には、社会通念上、受験に不利とか、不良に見られて他校とのいらぬトラブルを招くとか、さまざまな評価が定着している。学校は、それらを考慮した上で校則を設計しているわけだ。その学校の生徒として髪を染めることは、当然これらの社会通念と対峙《たいじ》することになる。学校の評価も下がるかもしれない。学校や他の生徒に迷惑をかけてもなお、「ただ自分がしたいから」という理由だけで髪を染めるというのは、むしろ自分勝手じゃないか？

たとえば「個性」について。**髪を染めることって、ほんとうに「個性的なふるまい」と言えるのか？** もしかすると、ある流行に乗っかるために髪を染めたいと思っているだけではないの？ だとしたら、それはむしろ「没個性」なんじゃない？

このように、自分で自分に**ツッコミ**を入れていくことで、自らの根拠の粗《あら》が見えてきたり、思わぬ説得力を持たせたりすることができるようになる。

ここまできたら総仕上げ、**使える結論を導き出そう。** ここではもはや、最初の問いに縛《しば》られる必要もなくなっているかもしれない。実際、校則の問題を突き詰めて考えていくと、**「校則にたいした根拠などない」** ことがわかってくる（海外の学校、あるいは麻布や灘《なだ》のような明文化された校則のない学校と比較しても興味深いだろう）。であれば、その是非を延々と議論するのではなく、**「今あるルールに反してまで髪の毛を染めることが、自分にとってほんとうに重要なことなのか？」** という、より実践的な問いにシフトしたほうが賢明だ。

たとえば、あるモデルに対する憧れから髪を染めたいと思っているのであれば、学校を卒業し、校則と無関係になった時点で染めたらいい。そのときには誰も反対する人はいないのだから、今、無理に学校と争う必要はないだろう。

さらに言えば、哲学者の**フーコー**が言ったように、学校というのは、近代社会における「**権力空間**」である。そこでは子どもたちに、髪染めに限らず、「**規律**《きりつ》」に服従する態度を身に付けさせることが大切とされる。規律（校則）を守らなければ、権力空間（学校）から排除されるだけだ。それに、髪染めから逃れるために学校の外に出たとしても、私たちは他の権力空間の中で生きるほかない。社会では、自分の好き勝手に行動できるわけではないということは、知っておくべき現実だろう。

とはいえ、である。たとえば、**君が、あるいは友人が、髪の色が生まれつき茶髪であるのに、学校側から黒髪にするように「強制」されたというのであれば、それは重大な事態だ。**それはまさに個人の権利の侵害だから、あらゆる理屈を総動員して「その校則に根拠はない」と指摘し、ルールの変更を迫ってよいだろう。君たちに好き勝手にふるまう自由がないのと同様に、学校側の権力も無制限ではないのである。

このように、ある常識やルールに対してどのような態度をとるべきかは、時と場合による。**絶対的な答えなどはなく、君はそういう社会で生きていくしかないのだから、戦略的かつ合理的に、よりよく生きるための結論を出さなければならない。**

「校則」を考える（例題）

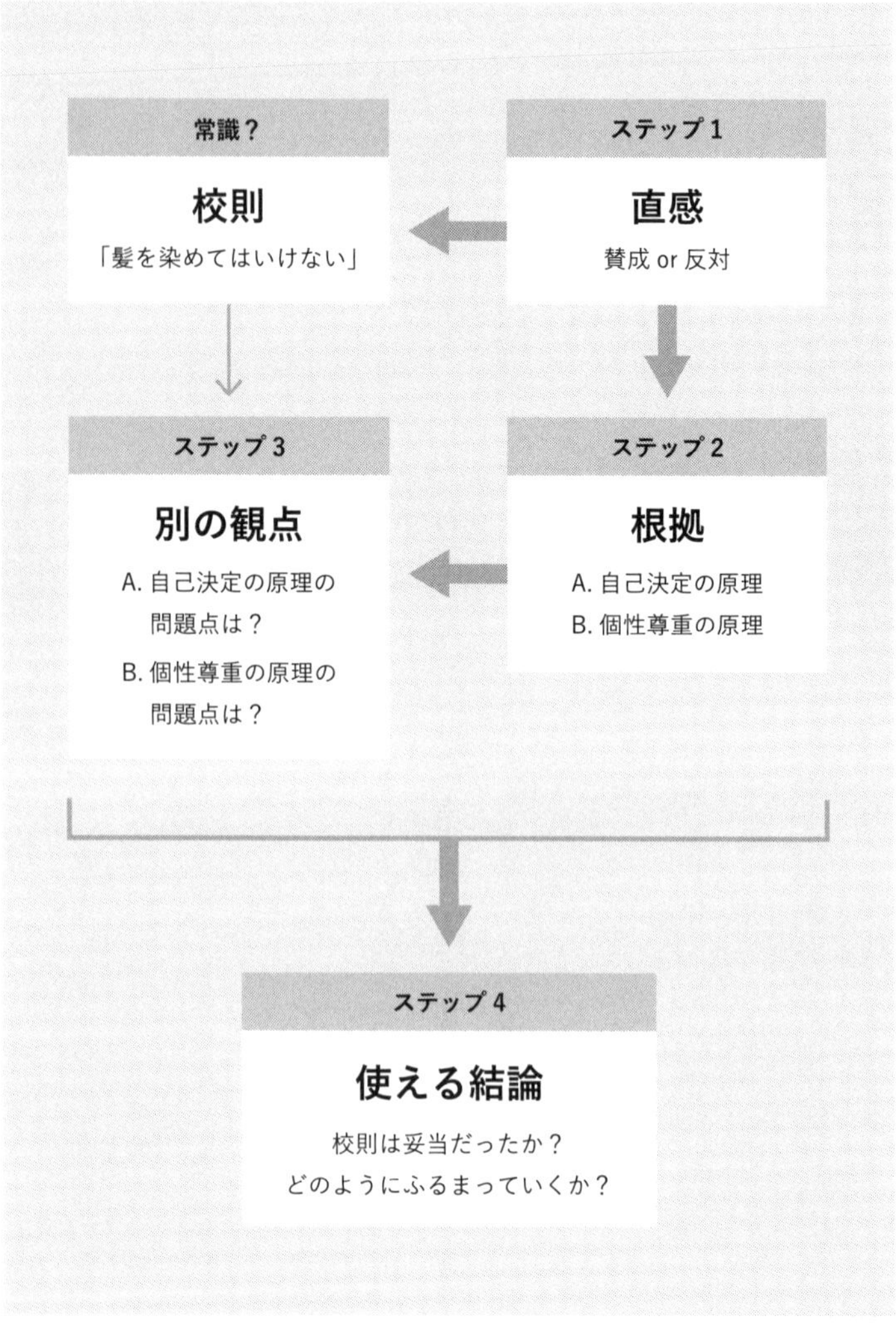
常識？
校則
「髪を染めてはいけない」
ステップ1
直感
賛成 or 反対
ステップ3
別の観点
A. 自己決定の原理の問題点は？
B. 個性尊重の原理の問題点は？
ステップ2
根拠
A. 自己決定の原理
B. 個性尊重の原理
ステップ4
使える結論
校則は妥当だったか？
どのようにふるまっていくか？

これこそが、私の伝えたい「考え抜く力」である。

ここまでの議論をフローチャートにしてまとめてみよう（右図）。

感情でわかり合うには限界がある

本書を企画したのは、まだ若い読者に、理不尽を押し付けてくるような大人たちに対抗するための**「思考の武器」**を持ってほしいと思ったからだ。

企画のアイデアそのものは、ずいぶん昔からあたためていた。というのも、**日本では、議論や批判といったものが嫌われるからだ。**

たとえば、大人や目上の人の意見に反論しようとすると、どれだけ根拠が妥当であっても、「屁理屈を言うな！」とたしなめられてしまう。どれだけ筋の通った発言でも、すぐに議論が遮断《しゃだん》されてしまう。なんなら、「理屈っぽい奴」という不名誉なレッテルまでついてくる。

しかも困ったことに、こうした態度は大人に限らず、若者のあいだにも蔓延《まんえん》している。大学の講義であってもそうだ。「さぁ、この問題でディスカッションしてみよう！」と提案しても、なかなか活発な議論にならない。相手に対する反論が人格攻撃として捉えられ、人間関係を悪化させてしまうのではないか。おそらく、そんな不安があるのだろう。結果、二言三言の発言があるだけであとは沈黙……というのがオチである。

　こうした現実は、一朝一夕に出来上がったわけではない。**学校でも家庭でも、筋道を立てて議論する力というものは、これまであまり評価されてこなかった。**むしろ、大人への反論は、「反抗的」とか「タテをついている」などと見なされてきた。親や先生の言うことに従順な子ほど「いい子」なのだ、と。

　しかし、ここまでにも述べた通り、**大人たちの言動は矛盾に満ちている。**「自分で判断できるようになりなさい」と言う一方で、いざ子どもが自分で物事を判断しようとすると、「勝手なことはするな！」と叱《しか》るのだ。人類学者で精神医学の研究者でもあるベイトソンだったら、ダブルバインド状態と呼ぶだろう。

　こんな理屈の通らない大人の言い分に「いい子」になって従う必要はないし、おかしなことには「おかしい！」と反論していい。まず、君たちにこのことを伝えたい。

そして、**反論するからにはキッパリと根拠を示して批判しなくてはならない、**というとも。これは大人も子どもも関係ない、誰かの意見に異議申し立てする上での共通作法のようなものである。

重要なのは、**「論理的な批判」と「感情的な非難」は別物である**、ということだ。相手の意見のどこがおかしいのかを明確にすることは、相手に対する攻撃ではなく、むしろ**「誠意」**である。

今まで、日本ではこうした議論のやり方が教えられることがなかったし、得意ではなかった。議論しようとしても、感情的にヒートアップし、対立してしまいがちだった。議論は、互いによい解決策を求めて自由に行われるものなのに。

実際、**「互いに納得のいく結論」**を出すための力は、君が生きる上で極めて使える武器となる。グローバル化する世界において、対立でなく理解を促進するためには、「対話」という手段が欠かせない。そして対話は、語学だけの問題ではない。たとえ言葉が話せても、相手の考えを理解し、議論することができないのであれば、理解など進まないのである。

人間が感情でわかり合えるというのは、かなり限定的な状況下においてのみ。基本的には、互いに考えを持ちより、議論を尽くすしかないのだ。

8つの思考実験について

第1部の最後に、続く第2部の見通しを示しておきたい。

ここから先は、君の「考え抜く力」を磨くために、具体的な「**8つの思考実験**」を体験してもらうことになる。テーマを箇条書きしてみよう。

① コピペ　→　パクリはいけないことなのか？
② 個性　→　ほんとうの自分は存在するか？
③ サイコパス　→　共感できるのはいいことか？
④ 同性愛　→　なぜ認められないのか？
⑤ 友だち　→　どこからが敵なのか？
⑥ AI　→　バーチャルな恋愛は成立するか？
⑦ 転売　→　どこまで売り物にできるのか？
⑧ 仕事　→　働かない生活はありか？

これを見てどんな印象を持っただろうか。学校やテレビで話題にはなるものの、あまり正面きって話したことのなかったテーマかもしれない。テーマによっては、社会的に禁止されたりタブー視されたりしていて、話しにくいものもあるだろう。

しかし、どれも現代社会において、間違いなく重要なテーマである。

君たちが生きるこの社会は今、大きな転換期を迎えている。そのため、これまで支配的だった考えや常識は通用しなくなりはじめている。そして、**実を言うと、大人たちもこうしたテーマをどう論じたらいいのか考えあぐねているのだ。**試しに、君の周りにいる大人たちに、これらの問題についてたずねてみたらいい。おそらく、君を納得させるだけの説明は返ってこないだろう。

だからこそ考えてみようではないか。君が思考の果てに納得のいく結論を出せたとしたら、それは大人に対して十分なアドバンテージを持てたということにほかならない。何より、考え抜いた経験は、君がこれからを生きる上で間違いなく糧《かて》になる。

なお、**思考実験とは、現実には実験できないことを頭の中でやってみて、その結果を考えてみることだ。**哲学は基本的に、自然科学と違って実験ができないので、これが非常に有力な武器となってきた。

たとえば、**プラトン**は、「人間は他人が見ていなくても悪いことをしないか」ということを考えるために、「透明人間になったら人間はどうするか」という思考実験をつくった。こうすることで、問題を具体的に考えることができるだけでなく、「**どのように考えたか**」という議論の道筋をはっきり示せるようになるわけだ。

哲学というと、抽象的で難解な用語をもてあそんでいるような印象で敬遠されるかもしれないが、この本では具体的な思考実験をもとに考えていくので、気軽に読み進められると思う。ただし、議論は緻密《ちみつ》なので、くれぐれも気は抜かないようにしてもらいたい。また、各テーマはそれぞれ独立しているから、どこから読んでいただいてもかまわない。興味のあるものや、君にとって切実な問題から取り組んでほしい。その際、先ほどの4つのステップを意識しつつ、その根拠はどうなんだと、絶えず問答(ツッコミ)を入れていこう。哲学はもともと、「**問答法**(**ディアレクティケー**)」として開始されたものなのだから。

前置きが長くなったが、これから具体的な問題を考えていこう。

哲学の世界へようこそ。

第2部

考え抜くための
レッスン

直感からはじめる
8つの思考実験

いよいよ、「考え抜く力」を身に付けるための具体的なレッスンである。

最初に、第2部の読み進め方について指針を示しておこう。8つのテーマを設定しているが、どのパートも考え方は共通している。

まず、君たちが**日常生活で実際に経験しそうな思考実験**をつくってみたので、その問題について賛成か反対か、良いと思うか悪いと思うかなど、**直感的に立場を決めてほしい。**そして、ぼんやりとでかまわないから、その立場を選んだ**根拠（理由）を表明しよう。**ここでは、君が抱いた違和感が鍵になるだろう。これがステップ1だ。

続くステップ2では、**根拠に説得力を持たせていこう。**違和感の出所はどこなのか、なぜ自分はこの意見を受け入れられないのか、**その根拠がどれだけ妥当なものであるかを検証するのだ。**このステップは重要なので2段階に分けて論じる。歴史的に考えてみたり、論点となる概念そのものを検証したりすることになる。

続くステップ3では、ステップ2で見出した根拠を、**別の観点から問い直していく。**場合によっては、自ら提示した根拠を自ら覆すことになるかもしれないし、根拠のための根拠を探すことで、より説得力のある主張ができるようになるだろう。

最後のステップ4では**使える結論を導き出そう。**直感をもとに決めた最初の立場をどれだけ正当化できたか、あるいはできなかったか。**ここまでに考え出した根拠を総動員し、理論化を図っていくのだ。**ここでは常識に反する結論が出ることもあるかもしれないが、それが単なる感情論から生じた反発ではなく、**合理的に考えた末の戦略的な結論**であることが重要である。

なお、各ステップでは、私が専門とする**現代思想の概念**も適宜《てきぎ》紹介していく。はじめて聞く用語がたくさん登場するだろうが、小難しい説明は省いたので、「へー、そんな考えがあるのか」くらいの感覚で読んでみてほしい。気づけば現代思想のエッセンスが身に付いているはずだ。

最後に、この本で示されるのは、あくまで私が、私なりに考え抜いた末の結論である。だから、それが絶対的な答えであるわけでも、最終結論であるわけでもない。

君たちが、君たちなりに考え抜いた末の反論があれば、それは大歓迎である。

8つのレッスンと議論の見取り図

レッスン
1 「コピペ」を考える
――パクリはいけないことなのか?

ここでは「コピペは厳禁!」という常識を疑う。その際、過去にどのようなコピペの事例があったのか、そもそも「コピー」に対する「オリジナル」とは何かについて確認したのち、逆にコピペのメリットについても検証してみる。その上で是非の判断をくだし、最終的には「賢いコピペ」のあり方を考えていこう。

レッスン
2 「個性」を考える
――ほんとうの自分は存在するか?

ここでは「個性」とは何かだけでなく、それは必要かどうかを問う。その際に2つのアプローチを取った。語源をたどること、関連する概念を検証することだ。また、思考実験「テーセウスの船」への挑戦を通じて、「アイデンティティ」についても議論している。それを踏まえた上で、君がどのような「自分」を目指すべきか、結論を出そう。

レッスン
3 「サイコパス」を考える
――共感できるのはいいことか?

「サイコパス」のように、〝異常犯罪〟など特定のイメージが強く先行する概念を考えるときには、定義をハッキリさせておく必要がある。しかし、ここでは定義そのものに含まれる無意識の前提をも検証したい。「良心」や「共感」といった一見正しそうなものを問い直すことで、極めて現代的な結論が導き出されていくはずだ。

レッスン
4 「同性愛」を考える
――なぜ認められないのか?

「同性愛」を考えるとき、「性」と「愛」についての理解は欠かせない。また、このように今なお活発な議論が行われているテーマを扱う場合は、歴史的経緯を押さえる必要もある。ただ、ここでも重要になるのが前提を疑うことだ。つまり、なぜ私たちは人間同士の性愛しか考えられないのか? 概念を拡張しながら考えていこう。

レッスン5 「友だち」を考える
――どこからが敵なのか？

ここでは「友だち」であるために必要な条件を3つの角度から検討する。まずは「理想的」に、次は「現実的」に、最後はカール・シュミットという哲学者の理論を手がかりに「戦略的」に考えていく。言葉にすればひとつの概念にすぎないが、光の当て方を変えるとまったく違った側面が見えてくるものである。

レッスン6 「AI」を考える
――バーチャルな恋愛は成立するか？

好みの外見ではない人間と好きなアイドルのレプリカとだったら、どちらと付き合いたいか？　下世話な問いだがなかなか深い。まず、恋愛するといったとき、私たちは相手の何を好きになっているのだろう。外見か？　内面か？　考えていくとある概念に突き当たる――「自由意思」だ。これを認めるかどうかで結論は分かれるだろう。

レッスン7 「転売」を考える
――どこまで売り物にできるのか？

ここではチケット転売やパパ活などのトピックを考えていく。社会の中で起こる厄介な問題を考えるときには、社会の仕組みをまず正確に把握する必要があるので、ここでは「資本主義」の原理を確認しながら、何を、どこまでなら売り物にできるのかを考えよう。ただし、ここで味わってほしいのは、結論を出すことの難しさである。

レッスン8 「仕事」を考える
――働かない生活はありか？

「働くこと」を考えるためには、「労働」や「仕事」というすでにある概念はもちろん、現代ならではの条件（たとえばAIの発展）も考慮する必要がある。「もしも人間が働かなくて済むようになったら」と考えるこのレッスン自体、大きな思考実験と言える。一見、経済的な問いだが、これが最も哲学的かつ人間的な問いかもしれない。

レッスン

1 「コピペ」を考える

パクリはいけないことなのか？

パソコンの機能に、「コピー&ペースト」というものがある。別名「**コピペ**」と呼ばれている。パソコン上の文字や図などをカーソルで取り囲み（コピー）、別の場所に貼り付ける（ペースト）ワザのことだが、何も特別なことではなく、パソコンやスマホを使う人であれば、誰でも日常的に行っているだろう。

たとえば、ある資料を提出するとき、同じような文書をコピーして、必要な箇所だけを変更すれば、一から作成するよりもずっと早くできる。役所の職員や会社員はもちろん、学校の先生たちだってよく使っているはずだ。

コピペが役立つのは、こうした型通りの書類だけではない。友だちにメッセージを送るときだって、感じのいい文章をネットで探してコピペすることができる。自力でひねり出した文章よりも、意外とピッタリするものが見つかるかもしれない。

ならば、学校で出された課題やレポートにも、コピペを活用しない手はない！

おそらく、普通の人ならこう考えるはずだ。

ところが、である。学校では「**コピペは厳禁！**」と何度も注意される。コピペを使ってレポートを提出したら、先生から呼び出され、その科目だけでなく、他の科目の成績まで0点にする、などと言い渡されることもある。

ここで考えたいのは、**コピペってそんなに悪いことなのか？**　ということである。

そもそも禁止するくらいだったら、そんな機能などつけないでほしい、と言いたくなるし、社会のいろいろな場所でコピペは活用されている。学校の先生だって重宝しているはずなのに、どうして禁止したがるのだろう。こんなにも便利なのに！

まずは、次のような場面を考えてみようではないか。

コピペでつくった読書感想文が賞を取った

夏休みの課題として、読書感想文が出された。サオリはレイチェル・カーソンの『沈黙の春』を題材に、感想文を書くことにした。彼女がこの本を選んだのは、タイトルがなんとなくミステリアスで、あらすじに興味をそそられたからだ。ところが、読んでみると予想した内容とは異なり、面白く感じられなかった。

感想文を書かなくてはならないのに、何を書けばいいかまったく思いつかない。時間だけが過ぎていく。今さら他の本にすることもできない。どうしようかと困っていたときに、この本についてネットで調べてみると、たくさんの情報がヒットした。その中には、読書感想文のような記事もあった。それらを読むと、カーソンが何を伝えたかったのかがなんとなくわかってきた。そこで、「人間による自然破壊に対する批判」という基本的な主張をするために、ネット上にあった表現や修飾語などをいろいろ組み合わせ、自分の文章として作文したのだ。

夏休み明けに提出した感想文は、なんと学校の中で校長賞をもらうことになった。気をよくした担任の先生は、全国のコンクールにも応募しようと言い出した。このとき、サオリはネット上からコピペしたことを先生に伝えようとしたが言い出せず、結局コンクールに出されることになってしまった……。

ステップ
1 パクリはありか？ なしか？

これを読んで、君はどう感じただろうか。

サオリの「コピペ」は、良いことだろうか？ 悪いことだろうか？

直感的に自分の立場を決めてみよう。そして、なぜその立場を選択したのか、ぼんやりとでもかまわないから根拠（理由）を表明してほしい。そのとき鍵となるのは、サオリの行動やこのシチュエーションに対して感じた君の違和感である。

どちらを選ぶにしろ、これから考えるのは、**君が自らの立場をどれだけ正当化できるか、表明した根拠がどれだけ妥当であったか**、である。常識に囚《とら》われることなく、考えていこう。

しかし、なんの手がかりもなく根拠をひねり出すのは大変だ。そんなときに役に立つのが、歴史や概念といった切り口である。

ステップ

2-1 あの偉人もコピペしていた?――前例を探してみる

まずは、過去の人がどうやってコピペに向き合ってきたのか、どのようなコピペの事例があったかという**前例**を調べてみよう。

ここではフランスの哲学者、**パスカルの『パンセ』**を取り上げたい。パスカルといえば、数学や物理でもおなじみの天才科学者であるが、若くして亡くなっている。その彼が残した原稿を編集し、出版されたものが『パンセ』である。これは名著の誉《ほま》れ高いもので、その意義を否定する人は誰もいない。

しかし、**『パンセ』に数多くのコピペが含まれていることは、研究者たちのあいだでは昔から有名な話だった。**とくに、少し先輩のモンテーニュの『エセー(随想録《ずいそうろく》)』からのコピペは一つや二つではない。

『パンセ』の中でよく知られた断章を見てみよう。

パスカル

人間はひとくきの葦《あし》にすぎない。自然のなかで最も弱いものである。だが、それは考える葦である。彼をおしつぶすために、宇宙全体が武装するには及ばない。蒸気や一滴の水でも彼を殺すのに十分である。

（『パンセ』Ⅰ　断章347／前田陽一＋由木康 訳／中公クラシックス）

モンテーニュ

［人間は］しょせんは、弱く、不幸にして、みじめ（…）であって（…）一陣の逆風や（…）朝霧だけで（…）転倒させて地面にたたきつけるに十分なのである。

（『エセー』4　第2巻12章／宮下志朗 訳／白水社、角括弧内は筆者が補足）

どうだろう？　似ている印象を受けないだろうか。

モンテーニュの文章には「**葦**」という表現がない、と思われるかもしれない。しかし、この「葦」という比喩《ひゆ》自体が『聖書』から取られたものであり、パスカルの指導者だったド・サシも「葦」を人間精神の象徴と見ていたようである。

おそらく、パスカルは、モンテーニュの『エセー』を手元で開きながら、『パンセ』を書いたのだろう。もし、現代の学生が同じようなことをしたら……、「君のレポートはコピペだね」などと指導教官から指摘され、受理してもらえないはずだ。

だとすれば、『パンセ』の価値は下がるのだろうか？

もちろん、こんな事実を知ったからといって、誰もパスカルを非難したり、『パンセ』の評価を貶《おとし》めたりはしない。むしろ、「パスカルが誰の本を使い、どのように自分の中に取り込んだのか」ということが研究テーマになるくらいだ。

もうひとつ「コピペ」の事例を挙げてみよう。実は、イギリスを代表する劇作家、**シェークスピア**についても同じことが言われている。彼の作品を読むと、場面設定やスジの展開、登場人物の性格描写や会話など、その見事さに圧倒される。彼の天才性と独創性を疑う人はいない。

ところが、**シェークスピアの作品にはたいてい「種本《たねほん》」があって、それを書き換えて出来上がったのである**、と言われたらどうだろう。

たとえば、名作『ハムレット』。この作品には、種本として『原ハムレット』があった、と言われている。シェークスピアは、その種本をもとにして自身の『ハムレット』を書いた。つまり、**『ハムレット』は『原ハムレット』のコピペなのだ。**ただし、残念ながら『原ハムレット』は現存していないため作者も確定していない。『原ハムレット』の作者はシェークスピア本人だ、という解釈もある。

しかし、『原ハムレット』の存在は別にしても、**そもそもハムレット劇そのものが、それに先立つ古い物語を利用して出来上がったことはよく知られている。**話の基本的なスジは、昔からあったのである。

こうした事情は『ハムレット』に限らない。シェークスピアの『ロミオとジュリエット』にしても、アーサー・ブルックの『ロミウスとジュリエットの悲劇物語』を種本にしていることは今や常識だ。当時は著作権といった考えがなかったので、**「使えるものは自由に使って、観客にアピールした者勝ち！」**という感じだったのかもしれない。

ここからわかることはなんだろう？　それは、**コピペそれ自体がすぐさま悪いわけではない**、ということだ。もし君がコピペに反対し、一律に禁止する立場をとるのであれば、『パンセ』や『ハムレット』を否定する根拠を用意しなければならない。

ステップ
2-2
「オリジナル信仰」という前提を疑う

同時に、概念そのものの検証もしてみよう。

「コピペ」が禁止されるとき、その理由として**「本人のオリジナルではないから」**ということがよく言われる。コピペとは、他人の考えや成果物（オリジナル）を、あたかも自分のものであるかのように偽ることなのだ、と。

先生からこう言われるともっともらしく聞こえるが、君は心の底から納得できるだろうか？　もし違和感を覚えたとしたら素晴らしい。哲学の定石《じょうせき》は「前提」を疑うことである。

ここでは、「オリジナル」と「コピー」という概念そのものを疑ってみよう。

注目したいのは、**「オリジナルとコピーは対立するものであり、かつオリジナルがコピーより価値が高いという前提」**が存在していることだ。この前提は、コピペを禁止する側だけでなく、コピペする側にも無意識に共有されている。たとえば、学生はコピー元の情報をオリジナルだと思い、それを自分のオリジナルとして提出したいわけである。

この前提を、仮に**「オリジナル信仰」**と呼ぼう。オリジナル（の価値）を信じているという点では学生も教師も変わらないし、この信仰は一見、当たり前のように思われる。しかし、果たしてそうなのだろうか？

それを確かめるために、次のような思考実験をつくってみた。

私のレポート作成法

大学の講義「人工知能と社会」に出席していたら、レポート課題が出された。テーマは、「ＡＩの発達は人間にとって幸福をもたらすか」というもの。講義には出席していたものの、ＡＩがどのように発達するのかという予想と、人間の幸福の関係について、明確なイメージを持てたわけではない。

そこで、ＡＩに関する本を何冊か図書館から借り出し、幸福についてはネットで調べることにした。調べた本やネットの情報は「です・ます調」で書かれていたが、私のレポートでは、文体を変えて「だ・である調」にした。そのほうがレポートらしく見えるためである。

また、情報源が一つだけだと「コピペした」と非難されかねないので、最低5つの情報源を使ってレポートを作成した。しかし、内容自体は、本やネットの情報から取ってきたものをうまくつなぎ合わせたにすぎない。

このレポート作成法は、「コピペ禁止」のルールに抵触《ていしょく》するだろうか。

この学生のレポートは、すべて本やネットの情報から引いてきたものであり、もちろん「オリジナル」とは言えない。しかし、ここで考えたいのは、**そもそもそれ以外のやり方でレポートを作成できるのかどうか、**である。

「人工知能」に関する知識も、「幸福」に対する見解も、普通に生きていたら独自の考えを持つ機会などないだろう。専門家でない限り、本やネットなどで調べたことを書くしかない。とすれば、無知のことを書くためにはコピペするしか方法はないのである。

とすると、**この事例を「コピペ」と呼ぶことは適切だろうか。**まず、文体は変えているので100％の「コピー」ではない。また、情報源はひとつではなく5つが組み

「コピー」と「オリジナル」

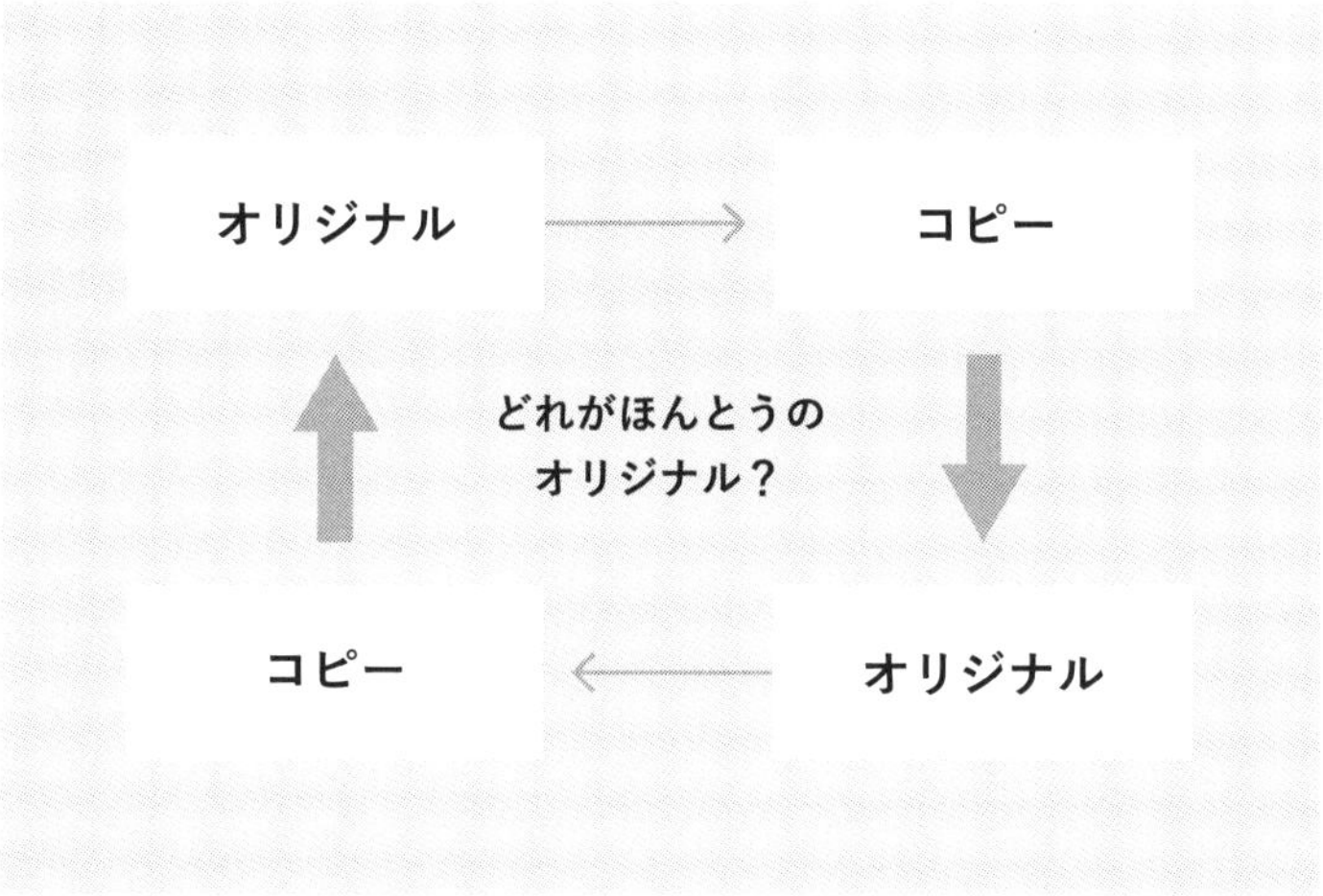

合わされている。しかも、組み合わせの仕方に関してはある意味、この学生の「オリジナル」だ。

だいぶ話がこみあってきたが、**実は「オリジナル」という概念はよくわからないものなのである。**一般的に、本やネットに書かれた情報は「オリジナル」と考えられているが、それらの知識や情報は、その作者一人が独自につくり出したわけではない。むしろ、他の人から学んだり、聞いたりしながら形成されたものである。パスカルやシェークスピアの仕事を思い出してほしい。

どんな知識や情報も、それに先立つものを取り入れ、加工することで出来上がった、れっきとした「コピペ」なのだ。先立つものが何もなく、自分一人でゼロから知識をつくり出すことなど、誰にもできはしない。

つまり、奇妙なことではあるのだが、私たちはそもそも、**オリジナルをコピペしているわけではなく、コピペされたものをコピペしていたにすぎないのかもしれない。**「コピー」と「オリジナル」という概念は、それぞれ独立して成立するものではなく、密接に結びついたものである。もし、コピペは悪だという根拠を「本人のオリジナルでないから」という点に求めるのであれば、そもそも「オリジナル」とは何かに答えられない限り、それは妥当とは言えない。

ステップ 3 逆に、コピペのメリットを考えてみる

以上から、「コピペ」は歴史的に見ても一般的に行われてきた行為であり、また「オリジナル」と「コピー」という概念そのものの境界があいまいであることもわかった。だとすれば、コピペを禁止すればすべての問題が解決するわけではない、ということもわかる。ここからは、コピペを別の観点から考えてみよう。

逆に、「コピペ」することのメリットとはなんだろう？

もし、コピペを一切禁止して、学生にレポートを書かせたとしたら……、彼らは書物やネットの情報を参考にしてはいけない、と理解するかもしれない。

だが、そんなことは不可能だろう。もともと学生には専門的な知識が圧倒的に不足しているのだから、書物やネットの情報を活用しない限り、単なる感想文しか書けないのである。いや、もはや感想さえ書けないかもしれない（冒頭に見たサオリの例のように）。

数学や物理などの科目については、参考書や問題集がたくさん出ている。そこでは基礎となる知識がまず説明され、そのあとに例題を解くことが多い。例題ができたら、類題に進むような構成だ。**知識→例題→類題**という順番で、少しずつレベルが上がっていく。似た問題を解かせることで、どこからその問題に手をつけたらいいかわからない、という状態を解消しているのである。

この方法は、試験対策としても使われる。定期試験や入学試験、資格試験など、ほとんどの試験には、過去に提出された問題（いわゆる「過去問」）を解くことが有効だ。どんなに才能があっても、問題の傾向を知らなければ、解くのに時間がかかったり、まったく解けなかったりする。過去問を解くことで、試験の傾向がわかり、対策が可能になる。

対して、文章を書くことについては、同じようなプロセスを踏む参考書や問題集が見当たらない。これは、例題・類題を解かずに、しかも過去問で練習もせずに、ただちに大学入試の問題を解くようなものだ。読書感想文では、しばしば「自分の思った通りのことを書きなさい」と指導されるが、初心者からすれば、**「そもそも〝思った通りのこと〟さえ思い浮かばない状態」**になっているのである。

ではどうすればいいかというと、数学や物理の勉強と同じように、例題や類題、過去問を解くことでやり方を具体的に学んでいくしかない。しかし、作文やレポート、論文などの場合、そんな参考書や問題集はない。そこで利用するのが、書物やネットの情報なのである。**内容だけでなく、書き方、論じ方、議論の仕方などの「型」を学ぶためには、そっくり真似（コピー）するしかないのだ。**

私は学生のころ、文章がなかなか書けなくて困ったことがある。そのため、面白いと思った本の著者や身近な先生の文体、問いの立て方までをそっくり真似た。今回は誰々風に論文を書こうとか、次はあの先生のように書いてみようとか、とにかく試した。だから、当時の私の文章を見ると、おそらく誰のコピーなのかすぐにわかる。

こうした方法をとったのは、「思った通りに論文を書く」ということがまったくできなかったからである。もしモノマネを禁止されていたら、真っ白な原稿用紙を前にして呆然としてしまったはずだ。「思った通りのこと」をそのまま書くというのはいちばん難しい。

こう考えると、やはり、「コピペ」が絶対に「悪い」とは言えないだろう。**何かを模倣《もほう》し、積極的にそれを取り入れることによってはじめて、自分なりの書き方が出来上がっていくのだから。**

作家の**小林秀雄《ひでお》**は、「モオツァルト」で次のように語った。

> 模倣は独創の母である。唯一のほんとうの母親である。二人を引離して了《しま》ったのは、ほんの近代の趣味に過ぎない。模倣してみないで、どうして模倣出来ぬものに出会えようか。
>
> （『モオツァルト・無常という事』／新潮文庫）

ここでは、コピーからオリジナルが生まれることが力説されている。**コピー（模倣）**

は禁止すべきどころか、オリジナル（独創）が生まれるために欠かせないものなのである。

ステップ4 「賢いコピペ」とは何か

最初の問いに戻ろう。

「コピペ」は、良いことだろうか？　悪いことだろうか？

突き詰めて考えていくと、コピペを禁止することは必ずしも妥当とは言えないことがわかった。むしろ、コピペには効用があるということも。

コピペに賛成する立場をとった人にとっては朗報だろう。

「やっぱりコピペは悪いことではなかった！　これから積極的にコピペをしよう！」

なんて思うかもしれない。

だが、誤解してはいけない。コピペが「悪」とは言えないとしても、堂々とこんな宣言をすれば、職員室か指導室に呼び出されるのがオチだ。

肝心なのは、コピペはすぐさま「悪」ではないが「なんでもあり」ではないということである。表向きにはコピペが禁止されている現代社会において、「**バカなコピペ**」と「**賢いコピペ**」があることを知ろう。コピペの性質やそれにまつわる社会的評価を理解した上で、それを利用するのが**ほんとうに使える結論**なのだ。

以前、ある大学で、100ページほどの英文テキストを日本語で要約し、その内容に対して自分の考えを述べよ、という夏休みの課題が出されたそうだ。しかし、担当の教師は、200名ほどの学生のレポートを30分ほど見たところで、血相を変えて叫び出した。「コピペを禁止するよう、学生指導しなくてはならない！」と。

200名の学生の答案を読むには時間がかかる。それを、その教師はたった30分でコピペがあると見抜いたのである。どうしてわかったのだろう。

実は、あるレポートの右上に付着していた汚れと、まったく同じ位置に汚れのついたレポートがゾロゾロ出てきたのである。しかも注意してレポートを読むと、まったくありえない誤り（たとえば地名と人名を間違うなど）が、複数のレポートの同一箇所で見つかった。

こういうのを「バカなコピペ」という。本やネットの情報をそのまま書き写したレポートも同様だ。**そっくりそのままのコピペでは芸がない。やるなら賢くやろう**（もちろん、剽窃《ひょうせつ》や盗用といった法的な問題も関わってくるがここでは触れない）。

原理的に考えたら、たしかにコピペは悪くない。それに、レポート課題を出す教師たちも、「コピペは禁止である」という一方で、学生たちが何も情報を利用しないことを望ましい、と思っているわけではない。むしろ、学生たちがそのルールの中で有用な情報をどのように見つけ出し、それをどうやって自分のものとして活用するかを評価したいと考えている。**要するに、コピペは想定内。評価の基準は、コピペの有無ではなく、いかに賢くコピペしたかにあるのだ。**

ではどうすればいいのだろう。最低限のルールとして、**コピペであることを隠し、あたかも自分のオリジナルであるかのようにふるまうのはやめよう。**それは根拠なき「オリジナル信仰」に囚われた行為だし、教師たちが禁止する「悪しきコピペ」そのものだ。

コピペは必ずしも悪くないのだから、他の情報を利用したのであれば、情報源を正々堂々と、正確に示せばいい（こういうのを「出所の明示」という）。そのようにして見つけた情報を組み合わせ、内容を編集していくのだ。**それをベースにどれだけ自分の意**

見をプラスできるか、そこが腕の見せどころである（ちなみに、自分の意見が「主」で、他人の意見が「従」であるようにしなければならない、という引用のルールもある）。

さて、実際に「コピペ」という問題を考え抜いてみてどうだっただろう。もしコピペを禁止されたとき、君の立場がなんであれ、ルールを真っ向から否定してみたり、逆らってみたりしても、現代社会においてあまり意味がないことがわかったと思う。

だから、結論はこうなる。

コピペに良いも悪いもない。それは単なる手段である。賢くコピペせよ。

コラム

1 「シミュラークル」の不思議

「コピー」と「オリジナル」の関係についてはさまざまな議論がある。より深い思索のヒントとして、フランスの現代思想家である**ジル・ドゥルーズやジャン・ボードリヤールが論じた「シミュラークル」概念**について触れておこう。

ただし、ドゥルーズの議論はプラトンの「イデア論」に沿って展開されたものなので、今回は現代社会論の文脈で語られたボードリヤールの「シミュラークル」論を紹介したい（ちなみに、プラトンのイデア論では「本物」と「偽物」は対立関係にある）。

ボードリヤールによると、「シミュラークル」というのはラテン語に由来する言葉であり、フランス語としては「まがいもの」「模造品」などを意味する。彼はこの言葉を独自の意味に仕立て上げ、近代社会の歴史的変化の過程を、3段階に再構成してみせた。

最初はルネサンスから産業革命までであり、オリジナルに依存する**「模造」の時期**。たとえば、ダヴィンチが描いたモナ・リザ（オリジナル）を模倣して、贋作《がんさく》（コピー）をつくることだが、これは**「オリジナル→コピー」**と表現できる。次は産業革命以降であり、機械によって製品が大量に**「複製（生産）」される時期**。ここではコピーが氾濫《はんらん》する結果、オリジナルとの区別はもはや意味をなさなくなる。**「オリジナル＝コピー」**と表現できるだろう。そして最後が、大量生産が終わった現代の消費社会であり、この時期においてはあらゆるものがシミュラークル（模造）として循環していく。つまり、コピーがオリジナルに先行した状態にあるので、**「コピー→オリジナル」**である。ボードリヤールは、これを**「シミュレーション」の時代**と呼んだ。この最後の段階を、どう理解するかが鍵となる。

具体的に説明しよう。たとえば、ボードリヤールが**「地図が領土に先行する」**と言ったとき、**「カーナビ」**をイメージするのがよいだろう。画面上には地図と現在地が示され、私たちはその地図に沿って右や左に曲がっていくことでゴールに到達する。**実際の道は知らなくても、である。**ここでは、ただのイメージでしかない地図（すなわちシミュラークル）が、現実の道（オリジナル）に先行した状況にある。そしてボードリヤールは、**現代社会においてはこうしたシミュラークルがひとり歩きをはじめ、現実感が喪《うしな》われていくのだと指摘した。**

「コピペ問題」以外にもこのような事例はいくらでもある。ぜひ日常の中で探してみてほしい。

参考図書

パスカル『パンセ』（中公クラシックス）
短い断章から成り、テーマも一つひとつ完結しているのでどこからでも取り組める。読めばハッとするフレーズに出会えるはずだから、若いうちに一度は挑戦してほしい。有名な「クレオパトラの鼻」の話も本書に収められている。

ジャン・ボードリヤール『シミュラークルとシミュレーション』（法政大学出版局）
ボードリヤールは決して読みやすくはない。しかし、文章にスピード感があり、新たな発想の宝庫である。ちなみに、映画『マトリックス』はこの本に影響を受けたらしい。

レッスン 2 「個性」を考える

ほんとうの自分は存在するか？

「個性」という言葉がある。学校案内のパンフレットにも、しばしば「個性尊重の教育」などと謳《うた》われている。戦前・戦中の社会では「個性」よりも「お国のため」が強調されていたのだが、その反動なのか、戦後には「個性を大切にしよう！」という声が大きくなった。

とはいえ、20世紀の前半であっても、金子みすゞは「私と小鳥と鈴と」という詩を書いた。この詩の最後に「みんなちがって、みんないい」という有名なフレーズがあるが、これはまさに「個性」の尊重を謳ったものだろう。

しかし、ほんとうに「みんなちがって、みんないい」のだろうか。

ためしに、ここに5人の少年がいるする。Aには盗み癖《ぐせ》があり、Bは暴力的、Cはウソつきで、Dは覗《のぞ》き魔、Eは痴漢《ちかん》だ。このとき、「みんなちがって、みんないい」と言えるだろうか。

そんなわけがない、ということは直感的にわかるだろう。実は、「みんなちがって、みんないい」というフレーズには、**隠れた前提**があるのだ。それを補ってみると、こういう具合になる。つまり、

「みんなちがって（**いいものを持っていれば**）、みんないい」

こうしたロジックを「**トートロジー**（**同語反復**）」という。「みんないいものを持っ て」いるのだから「みんないい」。これは正しいに決まっているのだが、もし、隠れた前提を受け入れないのであれば、「みんなちがって、みんないい」というロジックは成立しないのである。**つまり、個性的であること自体がいいわけではない。**とすれば、そもそも「個性」ってなんなんだろうか。

個性的でありたくない私

ヨーコのクラスには、目立ちたがりのケンジがいる。彼の口癖は、「オレは唯

一無二の存在になりたい！ 何にも流されることなく、ほんとうの自分を生きていきたいんだ！」。学校側も、学生の個性を尊重し推奨《すいしょう》しているので、彼は水を得た魚のように毎日を過ごしている。クラスでも一目置かれた存在だ。

でも、ヨーコはそれを横目で見ながら、違和感を抱いていた。

ケンジはたしかに「キャラ立ち」していると思う。でもそれって、周りに煽《あお》られているにすぎないのでは？ 必死に個性的であろうとする姿は、たまに痛々しくも見える。私にはたいした「個性」なんてない。でも、だからといって「個性！ 個性！」と強調しないといけない風潮はどこか違うような気がする。何よりも私は、個性的でありたいとは思わない。

ケンジのような個性なら、いらない。

ステップ
1 「個性」は必要か？

個性的であろうとするケンジと、個性的であることを望まないヨーコ。君はどちらに親近感を抱くだろうか。

君は個性を必要だと思うか、否か。

君がどちらに共鳴するかは自由だ。今は立場と理由の表明さえしてくれればいい。いずれの立場から出発するにせよ、この問題を考えるためには、あらかじめ「個性」という概念について理解しておいたほうがいいことに変わりはない。

まずは「個性」という言葉の成り立ちを確認し、関連する概念を検証してみよう。

ステップ 2-1 語源から考える――「ペルソナ」

言葉には歴史がある。「個性」という概念を考えるとき、その語源を押さえることは重要だ。「調べたい言葉　語源」と検索窓に打ち込めばすぐにわかる。ただし、日本語にはもともとない概念もあるので、**英語で考えるクセ**をつけておくといい。

「個性」を表す英語を調べてみると、「**パーソナリティ（personality）**」という単語が当てられることが多いことがわかる。言うまでもなく、これは「人」を表す「**パーソン**

（person）」の派生形だ。そして英和辞典には、「パーソン」とは「(他と違い個性ある一個人としての)人」と説明されている。つまり、その人の持つかけがえのない個性が「パーソナリティ」なのこそが「パーソン」であり、その人の持つかけがえのない個性が「パーソナリティ」なのである。

しかし、この単語の由来をさらにたどると、意外なことがわかる。

実は、「パーソン」や「パーソナリティ」は、ラテン語の「ペルソナ（persona）」を起源としたものだ（英語の語源を調べるときには「Online Etymology Dictionary」というサイトを使うと便利である。「etymology」とは「語源学」のこと）。

「ペルソナ」という言葉は本来、劇で使われる「仮面」を意味する言葉。たとえば、ゼウスの役を演じるときに「ゼウスの仮面」をつけるように、役者は舞台で「役柄の仮面（ペルソナ）」をつけて登場したのである。そこから意味が転用され、「役柄」や「役者」を指すようになった。その後、「ペルソナ」は劇用語の文脈から離れ、日常で使われる言葉になるのだが、それでもなお、基本的な意味に変わりはなかった。

ところが近代になると、「ペルソナ」から次第に「役割」という意味合いが失われていく。「ペルソナ」から生まれた「パーソン」は、「物」と区別された「人物」を指す言葉となり、さらには「権利主体」や「行為主体」という意味を担うようになった。

「個性」の語源

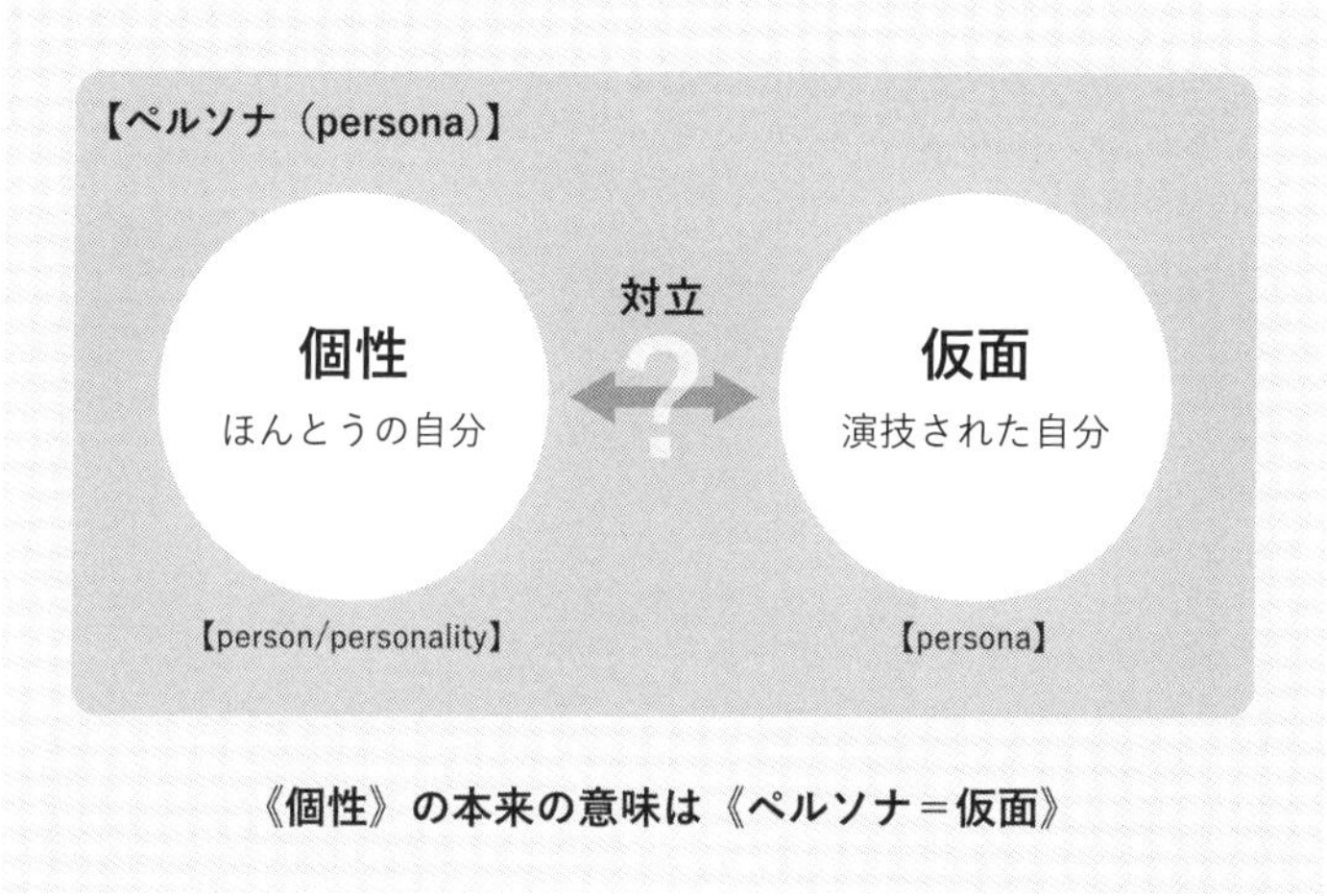

今では、「パーソン」や「パーソナリティ」という言葉を聞いて、「役割」を連想する人のほうが少ない。むしろ、他とは違うその人特有の性質だと理解されている。そして、日常生活において、私たちはたしかに他人に対して「演技」らしきふるまいをすることがあるのだが、それとは区別された「ほんとうの自分（パーソン）」が存在することを疑わない。

つまり、**現代において「ほんとうの自分」と「演技された自分」は対立関係にあり、「ペルソナ」の本来の意味とはまったく逆の状況になっているのだ。**

しかし、本来の意味を考えるのであれば、「演技」こそがペルソナである。今日「個性」と見なされているものもすべて、「他人に対する演技」として理解すべきものなのだ。**もしも「個性」を「ほんとうの自分」と表現するのであれば、「ほんとうの自分」とは「演技された自分」のことである。**

たとえば、君が朝起きて親と話すとき、「子どものペルソナ」を演じるだろう。通学のため電車に乗れば「乗客のペルソナ」を、学校で授業を聞くときには「学生のペルソナ」を演じ、友だちや恋人には、それに応じたペルソナを演じることになる。学校の先生だって同じだ。「教師のペルソナ」を演じているにすぎない。彼らが教師であるのは、彼らが教師のペルソナを演じているからである。

ステップ 2-2 関連する概念を検証する――「キャラクター」

しかし、こうしたペルソナの考え方には、根強い反発がある。

いわく、ペルソナの本来の意味が「演技」であったとしても、演技は演技にすぎず、「ほんとうの自分(=個性)」とは異なるし、役者が演技するのもあくまでも舞台上であり、舞台をおりればほんとうの素顔があるのだ——と。

この反論の是非はいったんおいておき、ここではペルソナに近い概念として、「**キャラクター**」という言葉を検証してみよう。そうすることで、「個性」という概念をより立体的に理解できるはずだ。

「キャラクター」には、ある人が持つ「性格」や「特徴」といった意味がある。最近では、小説やマンガなどの登場人物、あるいは人物の性格のことも指す。

この言葉は、現実の人間関係においても使われる。とくに、ある役柄をフィクションとして演じるとき、キャラクターの短縮形「**キャラ**」が使われる。たとえば、ある人を「いじられキャラ」というとき、そのキャラは、あくまで当人が演じている、または演じさせられている役柄である。自分も周りの人も、それをわかってキャラに乗っかるのだ。**このとき、キャラとは別に素の自分がいるのだということは、みんなの了解事項である**（キャラを一方的に押し付け、悪用したものがイジメだ）。

ネット上でも、こうしたキャラの使い分けは日常的に行われている。たとえば、現実世界では男性なのに、SNS上では女性として発言したり、中年男性がイケメン高校生の「キャラ」を演じたりすることがある。身体が見えない分、ネットの世界ではキャラを変更しやすい。でも、本体の自分はそれによって変わらない。

このように、多くの人は「キャラ」を仮面や衣服のようにつけたり外したりできるものとして捉え、「ほんとうの自分」は着脱できないものだと考えている。だから「キャラ」と「ほんとうの自分」はきっぱりと分けられるべきなのだ、と。

しかし、「キャラ」と区別された「ほんとうの自分」とはどんなものだろうか。そんなもの、ありえるのだろうか。

サッカー界のヒーローだった中田英寿《ひでとし》選手は、引退のとき次のように述べた。


何か特別な出来事があったからではない。その理由もひとつではない。

今言えることは、プロサッカーという旅から卒業し〝新たな自分〟探しの旅に出たい。そう思ったからだった。


「ほんとうの自分」を求めて今までの生活をリセットすることを、「**自分探し**」と呼ぶことがある。中田選手の文章で注目したいのは、「自分探し」が「**旅**」という言葉と結び付けられていることだ。今までの関係を断ち切るために、そこを離れ、「ほんとうの自分」を見つめ直す旅に出る。ここにもやはり「キャラ」と「ほんとうの自分」を区別する態度がうかがえる。

しかし、「新たな自分」とは、いったいどのようにして見つけられるものだろうか。

たとえば、家の中で「いい子どもキャラ」を演じ、学校では「優等生キャラ」を演じている人がいたとしよう。この人はある日、今までの自分のキャラに息苦しさを感じ、思い悩むようになった。そこで、より自由で新しい自分を探す旅、つまり家出をすることにした。この人は、それによって「ほんとうの自分」に出会うことができるだろうか。

たしかに、家出によって「いい子」で「優等生」のキャラを捨てることはできるかもしれない。しかし、だからといって、なんらかの「キャラ」をまとうこと（キャラそのもの）を捨て去ることはできまい。なぜなら、今度は家出した者として、「反抗的な子どもキャラ」や「不真面目学生キャラ」を演じることになるからだ。「反抗的」にしろ「不真面目」にしろ、「いい子」にしろ「優等生」にしろ、他人に対して自分をどう演じるかという点では何も変わりはない。**「キャラ」は変えられても、「キャラそのもの」は捨てられないのだ。**

人は、日常生活のさまざまな場面で、他者と多様な関係を取り結びながら生きている。その関係に応じて、知らず知らずに、あるいは意図的に、役割を演じ分けている。したがって、**キャラはいつまでもつきまとうし、キャラを抜きにした「ほんとうの自分」には永遠にたどりつけないのである。**

ステップ3 思考実験「テーセウスの船」——「アイデンティティ」

ここで、別の角度から「ほんとうの自分」なるものを検証するために、古代ギリシアから伝わっている**「テーセウスの船」**と呼ばれる思考実験を見てみよう。「個性」というものは決して現代的なテーマではなく、古くから考えられてきたことなのだ。ちなみに「テーセウス」というのは、ギリシア神話に登場するアテネの王のことである。要約すると次のような話だ。

テーセウスの船

この船は、古くなった部品を替えなくてはならない。部品は少しずつ取り替えられて、最終的には全部が置き換わることになる。このとき、この船は最初の船と同じ船と言えるだろうか。

部品を少しずつ変えていく中で、その船を構成する細部はどんどん入れ替わっていく。しかし、少しずつ部品が替わっていったその船の全体は、以前と変わらず「テーセウスの船」のように見えるだろう。

しかし、ここに、取り替えられたもとの部品をすべて保管している人がいたとする。その人が、それらの部品を使って新しい船をつくったとき、この船はなんと呼ぶべきだろうか。元の部品から組み立てられたこの新たな船こそが、「テーセウスの船」と呼ばれるべきではないだろうか。とすれば、少しずつ部品が交換されていったもう一方の船は、「テーセウスの船」と同一であるとは言えないのではないか。

これはなかなかの難問である。そして実は、「人間」についても当てはまる問題だ。

なぜなら、人間の身体も、分子レベルでいえば絶えず入れ替わっている。しかも成長するので、サイズや外見も大きく変わっていく。たとえばヒロシという人間がいたときに、子ども時代のヒロシと中年のヒロシとでは、分子レベルではまったく別人と言ってもいいだろう。そして、絶えず変化するヒロシとは別に、常に変わることのない「ほんとうのヒロシ」が存在するわけでもない。それなのに、私たちはそれがヒロシであることを疑わないはずだ。

家、学校、電車、デート中など、シチュエーションに応じて「ペルソナ」が変わるのはすでに見た通りだが、同じように、人間は分子レベルで変わっていて、時と場所に応じて思考や言動も変えていく。**「自分」とは常に同一な存在ではなく、いつ、どこで、どのような人間関係に置かれるかによって決まるものなのだ。**もし、「ほんとうの自分」というものがあるとしたら、それは具体的で多様な人間関係の外にあるのではなく、さまざまな人間関係の総和としてしか考えられないだろう。

「あなたは何者なのか？　自分の語ることに確信がないのか？」――フランスの哲学者、**フーコー**は、このような問いに対し次のように語った。

多くの者が、おそらく私のように、もはや顔を持たぬために書いている。私が誰であるかと訊《たず》ねないでくれたまえ。私に同じままであり続けるようにと言わないでくれたまえ。それは戸籍の道徳であり、我々の身分証明書を規制している道徳である。

（『知の考古学』／慎改康之 訳／河出文庫）

身分証明書は「**アイデンティティ・カード**」と呼ばれるが、その名のごとく、その人が誰であるかを示すものだ。一般的に、「アイデンティティ」とは「**同一性**」のことであり、人が変わることなく持ち続ける「個性」と近い意味でも使われる。

ところがフーコーは、その「アイデンティティ」をむしろ、人々を支配するためのもの、つまり「**戸籍の道徳**」にすぎないと断じたのだ。

常に変わることのない「ほんとうの自分」を求めることは、そもそも不可能なだけでなく、「戸籍の道徳」に与《くみ》することになる。私たちは、支配され、管理されるために「ほんとうの自分」を求めているのだろうか。

ステップ

4 「分人」という発想

「個性」や「ほんとうの自分」と呼べるものなどなく、私たちは普段からさまざまな自分を演じている。しかも、その自分自体がそもそも同一ではなく、常に変化の途上にある。ここまでわかったところで、いよいよ結論を出そう。

でもその前に、もうひとつだけ参考となる現代思想の考え方を紹介しておきたい。現代においては、「個性」どころか、「個人」という考えに対しても疑いの目が向けられているのだ。

フランスの哲学者である**ドゥルーズ**は、次のように語る。

分割不可能だった個人（individus）は、分割によってその性質を変化させる「可分性」（dividuels）となり、群れのほうもサンプルかデータ、あるいはマーケットか「データバンク」に化けてしまう。

（『記号と事件』／宮林寛 訳／河出文庫）

「個人」という言葉は英語で**「individual」**というが、これは「分けることができない」という意味である。「個人」は分割できない。この考えは一見、正しく思われるのではないか。

しかし、ドゥルーズは、**こうした「個人」が、今日ではさまざまに分割されることで、その性質を変えるものとなった、**と指摘している。彼は、いったい何を想定してこのようなことを述べたのか。

今日の社会では、インターネットをはじめとするデジタル情報通信技術がいたるところに使われている。**現代人が何か行動するたびに、その足跡はあらゆる場所に記録されることになる。**企業は、こうしたデータを活用しながら事業戦略をつくり上げていくわけだが、ドゥルーズは、こうした社会を**「管理社会」**と呼んだ。そして、この管理社会では、人間はもはや「個人」ではなく分割された人、すなわち**「分人（dividual）」**となるのだ、と。

たとえば、スマホアプリでニュースをチェックすると閲覧《えつらん》記録が、親しい誰かにメッセージを送れば送信履歴《りれき》が、街を歩くときには防犯カメラの映像が、ICカードを利用して電車に乗れば時間とともに乗降地点が、電子マネーで買い物をすれば購入履歴が、残る。インスタグラム、ツイッター、フェイスブック、ユーチューブ……いくらでもこうした例は挙げることができるだろう。

私たちは、常に細かな記録に分割されながら管理社会を生き、その恩恵を享受《きょうじゅ》している。もちろん、不利益も引き受けながら（たとえば情報漏洩《ろうえい》のリスクなど）。

このように、「個人」ではなく「分人」として生きていかなければならなくなったとき、「人」はどのように変わっていくのだろうか。

たとえば、ECサイトを見ていると、自分好みの商品が案内されることがある。いわゆる「レコメンド」だが、この機能を成立させているのは、その人の購入履歴である。その人が興味がありそうな商品を過去のデータから分析し、自動的にオススメしてきているのだ。そして私たちは、ついつい購入ボタンを押してしまう。

では、**この購買行動は個人の選択と言えるだろうか。それともシステムにコントロールされたものだろうか。**

君は個性を必要だと思うか、否か――というのが最初の問いだった。

まず、ハッキリしているのは、他人と異なる「自分だけの個性」なんてものはない、ということだ。**個性など幻想にすぎない。**「ほんとうの自分」なんてものはそもそもなく、人間関係や状況に応じて常に変化するのである。

何より重要なのは、**現代に生きる私たちは、もはや「個人」というよりも「分人」として生きていくしかない**、ということだ。

であれば、個性は必要かどうかなどもはや関係ないし、個性がないからといって思い悩む必要もない。この管理社会が数十年の間に崩壊することはないであろうから、それならばむしろ、ただひとつの個性にこだわるのではなく、**「多様なキャラを演じ分ける術」**を見つけたほうが利口である。

私たちは分人だ。いくつもの自分を生きたっていい。

コラム 2 ダイジェスト版「フランス現代思想史」

本編でフーコーとドゥルーズに登場してもらったので、ここでは**フランス現代思想**の流れをざっくりおさらいしてみたい。時代はさかのぼるが、第二次世界大戦後の「**実存主義**」ブームからはじめるのがいいだろう。

まず、戦後の社会的混乱と閉塞《へいそく》感の中で、**ジャン＝ポール・サルトル**が「実存主義はヒューマニズムである」という講演を行い、思想界の寵児《ちょうじ》となった。彼が残した有名な言葉に「**実存は本質に先立つ**」というものがある。つまり、その人間はこの世界にまず存在する。そして、そのことに意味はない。**しかし、人間は主体的に生きることで自らのあり方**（＝本質）**を自由に選択できる**――。サルトルのこの考えは同時代の人々の共感を呼び、実存主義ブームを生み出した。

しかし、1960年代にもなると、実存主義は「**構造主義**」によって批判されることになる。人類学者の**レヴィ＝ストロース**、精神分析学者の**ジャック・ラカン**、言語学者の**ロラン・バルト**、マルクス主義者の**ルイ・アルチュセール**など多彩な面々が、それぞれの研究分野から新たな理論を展開したのである。個人の自由を強調した実存主義に対して、構造主義者たちの主張は、**個人はすでに社会的な構造によって規定されている**、というものだった。これは「言語」を例にするとわかりやすい。人間は、自分がつくったわけでもない言語体系の中に産み落とされる。そして、それを学ぶことによって、いつしか言語を通して自分の考えを語るようになる。つまり、**「私が言語を語るのではなく、言語が私を通して語る」**のだ。

ところが、1970年代を迎えるころには構造主義も批判されはじめる。**ジャック・デリダ**や**ジル・ドゥルーズ**などの**「ポスト構造主義者」**たちの登場だ。60年代に構造主義者と見なされていた**ミシェル・フーコー**も、このころには自分の考えを次第に変更し、ポスト構造主義の代表格となっていく。ざっくり言うと、ポスト構造主義者は、個人(個体)も構造も流動的なものとして考え、**あるのは個体間の「差異」だけである**、とした。だからこそ、**構造は一定でなく、変化させることができるのだ**、と。

ここから先はだいぶ複雑な議論になっていくのだが、デリダ、ドゥルーズ、フーコーという三人の思想家が、その後、世界的に大きな影響を与えたのは紛《まぎ》れもない事実である。

参考図書

J-P・サルトル『実存主義とは何か』(人文書院)
講演がもとになっているので難しい言葉も少なく、高校生でも読めるはず。実存主義の要点がズバリ語られているので、「哲学入門」としてもおすすめだ。

ミシェル・フーコー『知への意志』(新潮社)
フーコーが抱いていた大きな構想、「性の歴史」シリーズの第1巻として出版されたものだが、コンパクトで読みやすく、世界的にもベストセラーとなった。「性」だけでなく、社会的な「権力」の意味を考える際にも読んでおきたい一冊。

レッスン

3 「サイコパス」を考える

共感できるのはいいことか？

「サイコパス」という言葉をよく耳にするようになった。

かつては、ＦＢＩの犯罪捜査などで取り上げられる残酷な連続殺人魔と見なされていたが、最近ではそのイメージもずいぶん変わってきたようで、身近な扱いにくい困った人物を「サイコパス」と呼ぶこともあるらしい。**「隣のサイコパス」**なんてフレーズが本のタイトルに入って話題となるくらいだ。

しかし、こうした流行には思わぬ誤解がつきまとう。たとえば、周りと同調しない人が安易に「サイコパス」と揶揄《やゆ》され、イジメの対象になったりする。そのため、あまり気のりしないことであっても、仕方なく周りと合わせなくてはならなくなる。

こんな状況を考えてみよう。

レイナはサイコパス？

レイナが通っている学校はスポーツが盛んで、とくに野球は強豪校だ。今年のチームは例年以上に強く、甲子園にも出場しうるほどの実力を持っていた。地方大会も順調に勝ち進み、決勝戦を残すのみ。そこで、レイナのクラスでは、みんなで応援に行こうと決めた。

ところが、レイナはもともと野球に興味がなく、野球部が甲子園に行っても行かなくても自分には関係ないと感じていた。そもそも、みんなでひとつのことに熱狂したり、手を取り合って歓喜したり、負けたときには涙を流したりする――そういう感情がサッパリわからなかった。

だからレイナは、クラスメイトの前でハッキリこう言った。

「私は行きたくない。無関係の他人を応援して、なんの意味があるの？」

すると、レイナはクラスの全員から非難の嵐を浴びた。

「レイナは人の心がわからないサイコパスだ！」

「きっと将来ヤバい犯罪者になるぞ！」

その反応を受けてレイナは戸惑った。私って、サイコパスなの？

ステップ1 共感能力は必要なのか？

君だったら、レイナの態度をどう受けとめるだろうか。

たしかに、他人の気持ちがわからないとか、共感できないというのは、「サイコパス」の特徴と言われるものだ。やはり、せっかくみんなが盛り上がっているのに水を差すような行動をとるレイナは「サイコパス」なのだろうか。それとも、クラスメイトの捉え方のほうに問題があるのだろうか。

ただ、ここではもう一歩、踏み込んだ問いを設定してみたいと思う。

そもそも、他人に共感する必要はあるのだろうか？

共感できることは、いいことなのだろうか？

しばし考えてみてほしい。立場が決まったら次に進もう。「サイコパス」という概念を正確に理解しない限り、この問題に答えは出せない。

ステップ

2-1 異常犯罪者としての「サイコパス」

そもそも「サイコパス」という言葉は、いつから使われるようになったものだろうか。実はこの言葉は、精神医学の世界で使われはじめたもので、**「反社会性パーソナリティ障害」**に該当するとされている。診断は「HARE PCL—R第2版テクニカルマニュアル」という20項目のリストにもとづき、専門家が行う。

しかし、なんといっても、この言葉を一般レベルにまで広めたのは、史上まれにみる犯罪者たちであろう。典型的な人物として、**エド・ゲイン**を紹介したい。彼は、ヒッチコック映画の『サイコ』やトマス・ハリスの小説『羊たちの沈黙』のモデルにもなった。犯罪心理学者、ロバート・ヘアの著書から少し抜粋してみる。

（一九）五四年冬、ウィスコンシン州の田舎のバーで五十一歳の女性経営者を射殺、五七年十一月には（…）金物店で中年の女主人を射殺した。死体は両方とも自宅である農場内の家屋へ運んでいた。後者の事件で、女主人の息子がゲインを疑って通報し、保安官が留守中のゲイン宅を訪れると、人間の皮膚《ひふ》を張った太鼓《たいこ》、皮膚で作られた衣服、頭蓋骨《ずがいこつ》で作った石鹼《せっけん》皿などが見つかった。また、窓際には一対の唇《くちびる》、壁に九つのほんもののデス・マスク、キチンのグラスに四つの鼻、レンジの上のフライパンに人間の心臓ひとつも見つかった。冷蔵庫には、人体のさまざまな部位が凍らせてあった。それらは、約十五人の女性のものと推定された。（…）ゲインは厳格な母に育てられ、女性とかかわることを極度に戒《いまし》められていた。母と兄弟の死後、一人住まいをするようになってから、ひそかに墓場から女性の死体を掘り起こし、解体して食べたり皮膚をはいで自分の身にまとうことを愉《たの》しむようになった。（…）彼は、この二件について犯行を認めたが、それ以外は記憶がなかった。終身刑に服していたが、八四年七月二十六日、ミネソタ州の精神病院で、呼吸不全のため死亡。

（『診断名サイコパス』／小林宏明 訳／早川書房）

なんとも壮絶な人物である。これを読むと、たしかに「サイコパス」には近づきたくない、と誰もが思うだろう。

しかし、**こうした「サイコパス」と呼ばれる異常犯罪者は非常にまれな存在であり、北米でもおそらく100人もいない、**と言われている。それほど特殊な存在のはずなのに、一般の人たちが、身近な隣人を「サイコパス」と呼んではばからない現状はなんとも奇妙である。

「サイコパス」とは具体的にどんなパーソナリティを持った人物なのか、実際の診断項目の一部を簡単にまとめてみた。

・口達者で皮相的　・自己中心的でナルシスト
・良心の呵責《かしゃく》や罪悪感の欠如　・共感性の欠如
・感情が薄っぺらい　・異常なまでにウソをつくクセ
・衝動的な行動　・自分の行動をコントロールできない
・常に刺激を欲している　・責任感の欠如　・抵抗なく人を操る
・少年時代に犯罪歴がある　・仮釈放取り消しなどを受けた経験

当てはまる項目が多いほど、ある人の**サイコパス傾向**（サイコパシー）は高いと判断される。そしてここが厄介な点なのだが、**これらの項目のほとんどは内面的な評価に関わるものであり、明確な「犯罪」に関わる項目は数個しかないのである。**

要するに、**異常犯罪者にも当てはまるけど、一般的な人にも当てはまりそうな項目**が並んでいるのだ。たとえば、他人に冷淡な人も、口達者でウソつきな人も、私たちの周囲には当たり前にいる。**そして、その人たちがみな「異常な犯罪」に及ぶとは限らない。**

実際に、アメリカでは「サイコパス」は人口の数%、多いときで10%は存在すると言われている。つまり10人に1人だ。日本の場合はもっと少ないようだが、それでもざっくり、100万人は超えていると考えていい。先ほど、「サイコパスの異常犯罪者」の数は北米に100人もいないと言ったが、それよりも多いのである。

この段階でわかることは何か。「サイコパス」は歴史的に異常犯罪とセットで語られることが多かった。そのため「サイコパス＝異常犯罪者」というイメージが形成された。しかし、診断基準を見る限り、**「サイコパス」とはもっと広い概念であり、こ**

の社会のどこにでもいるような特徴を備えている。その中で、特別に強い「反社会性」を持つ者だけが「異常犯罪者のサイコパス」になるのである。

なので、レイナに関して言えば、たしかに周りの気持ちがわからないという傾向はあるかもしれないが、別にそのことを気に病む必要はないし、それで将来サイコパスの「ヤバい犯罪者」になるとは限らないのである。

ステップ2-2 天才としての「サイコパス」

「サイコパス」という概念がさらに興味深いのは、最近では彼らが、**凡人とは違ってとても高い能力を持った天才**として見なされていることである。

たとえば、『サイコパス 秘められた能力』（NHK出版、原書は2012年）という本の中で、心理学者のダットンは、**「サイコパス度が高い職業」**として10の職業を挙げている。

1. 企業の最高責任者（CEO）　2. 弁護士
3. 報道関係（テレビ／ラジオ）　4. セールス
5. 外科医　6. ジャーナリスト　7. 警察官
8. 聖職者　9. シェフ　10. 公務員

これまで「サイコパス」＝「異常犯罪者」というように、ネガティブに取り扱われてきたはずの概念が、このリストではまったく違った様相を見せている。むしろ、**社会的に見て評価の高い職業がトップに並んでいるのは驚きだ。**

CEOや弁護士、外科医やジャーナリストといえば、花形の職業と言っていいし、なんと警察官や聖職者、公務員まで含まれている。とくに後者の職業に関しては、反社会的どころか、人々に奉仕する性質のものではなかったか？　どうしてこうした人たちの職業は、「サイコパス度が高い」とされるのだろうか。

要するに、**先ほど見たチェックリストの項目のほとんどは、「犯罪」（反社会性）に関するものさえ除けば、その人の強みにも弱みにもなるものなのだ。**

たとえば、口達者で抵抗なく人を操れるような人は、セールスマンや信者を勧誘する聖職者などに向いているかもしれない。自己中心的で、良心の呵責や罪悪感、共感性といったものが欠如した人は、経営者としてときに思い切った判断ができるだろう。感情が薄っぺらいのは、逆に言えば冷静沈着に行動できるということだから、淡々と仕事をこなす外科医などにとっては必要な特徴なのかもしれない。

このように、**「サイコパス」は「異常」という文脈で語られることもあれば、「天才」というある種、肯定的な文脈で語られることもある、複雑な評価とイメージをまとった概念なのだ。**

職業ではないが、政治家であるヒトラーやスターリン、ノーベル平和賞をもらった修道女のマザー・テレサさえもサイコパスとされているし、「20世紀最大の哲学者」のひとりハイデガーも、心理学の権威であるユングから「サイコパス」のお墨付きをもらっている。こうなるともう、**「サイコパスって何？」**と言いたくなる。

そもそも「反社会性」という基準もあいまいだ。連続殺人犯のように法律を完全に無視する者もいれば、法には違反しない範囲で他人に迷惑行為を働く人もいる。根も葉もないウワサをまき散らす人、店員に過剰な文句を言う客、お風呂にまったく入らないために強烈な体臭を発する人。あるいは、実績はあるが部下に厳しく当たる会社員、手術の腕はいいが患者にぶっきらぼうな態度をとる医者、研究熱心だが弟子の面倒は見ない大学教授——身近な人からすれば至極迷惑である。

いったいどこからが「反社会的」なのだろうか。これもまた、**「法」という人間が恣《し》意《い》的に定めた基準**に拠《よ》っているにすぎないのではないか。

ステップ

3 無意識の前提を疑う——「良心」

この時点で、レイナを「サイコパス」と断罪したクラスメイトの発言は、ただの言葉遊びにすぎないことがわかる。世間に流通するさまざまなイメージから、あいまいに「サイコパス」を語っているにすぎない（そもそも専門家にしか判断できないのだから）。レイナはそんな彼らの態度を真摯《しんし》に受けとめる必要はない。

だが、今回のレッスンの問いはこのようなものだった。

共感はいいものか？　それは必要なのか？

これを考えるにあたり、別の観点を導入してみたい。**「良心」**である。

実は、「サイコパス」について考える上での大きな落とし穴は、「良心」の存在が自明とされている点にある。**こうした無意識の前提こそ、疑うのが最も難しい。**「サイコパス」のチェックリストには、「良心」という言葉が当然のように使われているし、それが欠如するとサイコパス傾向が高まるのだ、とされている。**だが、これはほんとうだろうか。「良心」とは、いいものなのだろうか？**

具体的に考えていったほうがわかりやすいと思うので、古典的な思考実験「**トロッコ問題**」に取り組んでみよう（もとはイギリスの哲学者、フィリッパ・ルース・フットが考案した倫理学の思考実験である）。

2つの選択

【スイッチの事例】ブレーキのきかなくなったトロッコ電車が向かう先に、5人の作業員が働いている。このままだと5人全員が轢《ひ》かれてしまう。今、あなたの目の前には線路のスイッチがあり、それを切り替えれば電車の進路を変えて5人を救える。しかし、もう一方の進路にも別の作業員が1人いる。進路を変えたとしてもやはり1人を轢くことになる。さて、あなたはどちらを選ぶか。

【陸橋の事例】 ブレーキのきかなくなったトロッコ電車が向かう先に、5人の作業員が働いている。その線路をまたぐ陸橋の上には、あなたともう1人、太った男性がいる。彼を突き落とせば電車は止められそうだ。あなたは5人の作業員を救うために、太った男を突き落とすか、どうか。

アンケートを行うと面白い結果が出る。

スイッチの場合は、多くの人が功利主義的に考えて、進路を変えることで5人を救い、1人を犠牲にすることを選択する。ところが陸橋の場合では、むしろ義務論的に考えて、「5人のために1人を殺すべきではない」と判断し、5人を見殺しにする人が多くなるのだ。**「5人の命か、1人の命か」という構図は同じはずなのに、問い方を変えると、考え方にも違いが生じ、結果、行動も変わるのである。**

ただ、この問題を通してほんとうに問いたいのは、君がどちらの選択をするかではない。君の友人が、陸橋の場面でこう答えたらどう思うか、ということである。つまり、「結果は同じなのに、2つの場面で考え方を変えるのは矛盾している。だから自分は、スイッチの場面と同じように、陸橋の場面でも5人を救う。つまり、太った男を突き落としたほうがいいと思う」――と。

たしかに、スイッチの場面で5人を救うのであれば、思考の一貫性という意味では太った男を突き落とすほうが正しい。でも、こう答えるとどう言われるか。

「より多くを救うためとはいえ、わざわざ人を突き落とすなんて単なる殺人じゃないか。それを肯定するなんて、君には良心がない！」

しかし、この反論に納得できるだろうか？　というのも、スイッチの場合であっても、私たちはあえて進路を変え、1人を轢き殺す選択をしたのである。これだって、死なくてもよかった1人を5人のために殺した、れっきとした殺人ではないだろうか。**太った男を突き落とす選択をした者に良心がないのであれば、スイッチを切り替えて1人を轢かせた者にも、同じように良心がないと言うべきであろう。**

とまあ、こんなことを言われても、感情的にこの理屈を受け入れるのは難しいはずだ。**ここで大事なのは、「良心」は自明ではないし、人が何を望ましいと見なすかは状況によって変わるということである。**

「サイコパス」の診断基準には、そもそもあいまいな前提が含まれていることを理解しておくべきであろう。

ステップ
4 「サイコパス」になる勇気を持つ

すでに確認したように、「良心」という概念そのものがあいまいなのだから、「良心の欠如」と言ったとき、その状態を判断する基準も正直よくわからない。

だいたい**「あなたに良心はあるか」と聞かれて、自信満々に「YES」と答える人がいたら、ソイツのほうがよっぽど怪しい。**この問いには、「良心」の定義がわからない限り答えられないのだから。

ちなみに「良心」は、「自分の心の内面から聞こえる道徳的な声」などとも言われるが、これも単なる比喩《ひゆ》にすぎない。そんな声が実際に聞こえることはないのだ。だから、**良心がないとか、君は薄情だとか言われても、別にそれは特別なことではないし、お互い様である。**その有無をもとに、お前はサイコパスだなんだと言い合っていても仕方がない。

フロイトの「良心」

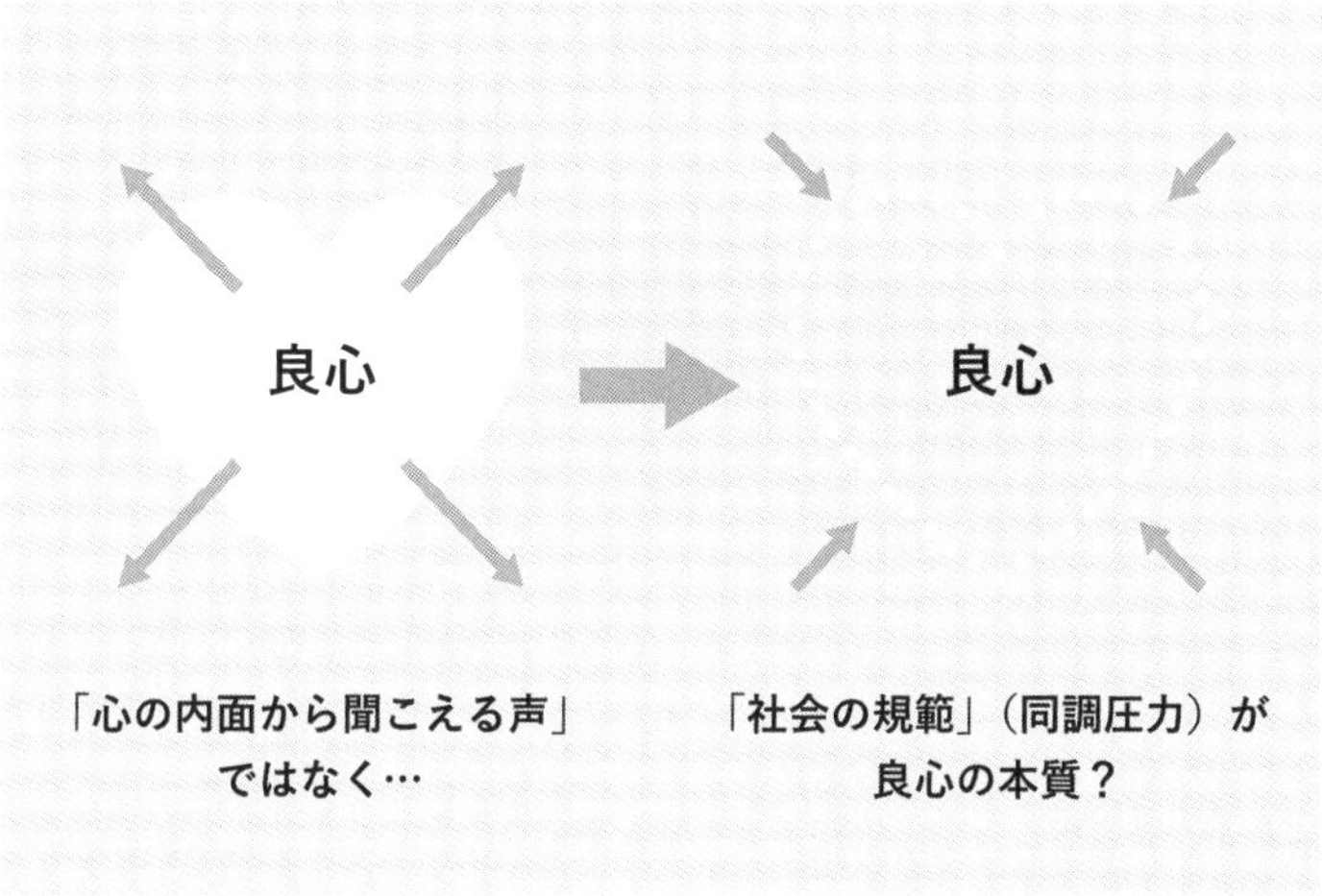
良心
良心
「心の内面から聞こえる声」
ではなく…
「社会の規範」（同調圧力）が
良心の本質？

なお、フロイトの精神分析によれば、「良心」というのは、**社会が個人に対して強制する規範**（**ルール**）のことであるという。これは「周囲に迷惑をかけないようにああしなさい、こうしなさい」という道徳的な要請《ようせい》のことなので、**「同調圧力」**とも言い換えられるだろう。フロイトは、「心の内面から聞こえる声」ではなく、そういった社会的な強制力の程度によって「良心」のあり方は決まるのだと考えた（フロイトはここで「超自我」という用語を使った）。

この考えを仮に採用するなら、**「サイコパス」が声高に叫ばれる社会とは、もしかすると、それだけ良心的であることの「同調圧力」が強い状況にあるのかもしれない。**

かつて異常犯罪者たちが「サイコパス」と呼ばれたのは、社会的な規範や常識といったものをまったく顧慮《こりょ》しなかったからだ。同調圧力の外側に出てしまったとき、人は「サイコパス」と呼ばれるのかもしれない。

そして、それは必ずしも悪いことではないだろう。というのも、ときに社会の良心は誤った方向に向かうからだ。

ナチスの時代、ドイツの人々はその政策を素晴らしいものとして受け入れた。いや、それを受け入れることが正しいのだというような空気を、社会全体でつくり上げていった。こうした「同調圧力」こそ「ナチス的な良心」であり、その結果、ユダヤ人は〝絶滅〟の危機にさらされたのである。

社会の同調圧力が誤った方向に向かったとき、果たして「共感」といったものがどれだけ役に立つのだろうか。あえてそこを踏み外す、「サイコパスになる勇気」も案外、必要なのではないだろうか。他の誰かに共感できるということが、必ずしも善であるとは限らないのである。

つまり、問題はある人が「サイコパス」であるかどうかではない。大事なのは、ある人を「サイコパス」と決めつけようとするとき、そこにどういう社会的な圧力が働いているのか、その力学を見抜くことである。

安易な共感能力はいらないし、それはときに、社会を誤った方向に進ませる。大衆の熱狂に疑いを持てたレイナの態度は、決して捨てたものではない。

コラム 3 私たちの中に潜む「凡庸な悪」

「全体主義」という言葉を、歴史の授業などで聞いたことがあるだろうか。それはまさに歴史上の出来事なので、現代を生きる私たちには関係ないことである、と思っている人もいるかもしれない。しかし、これほど現代的なテーマもないのである。

全体主義とは端的に言えば、「個人」よりも「全体」が優先される思想あるいは政治体制のことである。つまり、「全体」の利益になるのなら「個人」は犠牲にされる。そして、全体主義の怖さは、**ごく平凡な人であっても、ある一定の条件下では権威者の命令に服従し、普段なら行わないような冷酷で非人道的なふるまいをしてしまう点にある。**

このことを実際に証明したのが、**「ミルグラム実験」**と呼ばれるものである。この実験では、生徒役と教師役の二手に分かれ、生徒が解答を誤ると教師が電気ショックを与えるように設定されている。生徒に苦痛を与えることがわかっていてもなお（実際は苦しむフリ）、異常な状況下で権威者らしき人物に命令されると、教師はおとなしく従ってしまうのだ。

実はこの実験は、ナチスドイツの将校を裁いた**「アイヒマン裁判」**を受けて考案されたものである。アドルフ・アイヒマンは、アウシュヴィッツ強制収容所にユダヤ人を送り込んだ責任者であり、敗戦後は南米に逃亡していた。しかし、1960年に逮捕され、翌年には裁判にかけられた。世間は当然、彼のことを残虐《ざんぎゃく》非道で野蛮《やばん》な人間だと予想していた。しかし、驚くことに、**裁判に登場したアイヒマンは、小心で職務に励む、ごく普通の公務員にしか見えなかった。**自らの罪について問われたときも、「**ただ命令に従っただけ**」と答えた。

この裁判のすべてを傍聴《ぼうちょう》した哲学者の**ハンナ・アーレント**は、「人間の悪」について極めて重要な見解を提示した。一般に「悪人」というと、極悪非道で冷血な人間を思い浮かべる。ところが、**彼女がアイヒマンのうちに見出したのは「凡庸《ぼんよう》な悪」であり、それは日常で仕事を淡々とこなすような普通の人**（小市民）**のうちにこそ潜むものだった。**普通の人が、権威者の命令や周囲の同調圧力によってユダヤ人の虐殺を遂行するまでになる。「私のせいじゃない」「私はみんなに従っただけ」――と。ここに「人間の悪」の底深さがある。**全体主義とは、ごく普通に生きる私たちの問題なのだ。**

参考図書

ハンナ・アーレント『全体主義の起原』（みすず書房）

少し大きな本なので、一気に読み通すには大変だと思う。しかし、ベストセラーにもなったくらいだから、時間をかければ無理なく読めるはずだ。全体主義をテーマにした本には、フロムの『自由からの逃走』やアドルノとホルクハイマーによる『啓蒙の弁証法』などもある。

レッスン4 「同性愛」を考える
なぜ認められないのか?

ほんの半世紀前まで、「**同性愛**」は世界中で法的に禁止されていた——。

こう言うと、若い人ほど、「えっ? ウソでしょ!」と驚かれるかもしれない。しかし、紛れもない事実である。たしかに、最近では「同性愛」に対して、世間はずいぶんおおらかになったようだが、それでもまだまだ風当たりは強い。国会議員でさえ、「LGBTは生産性がない」などと言って非難するくらいだから。

パスカルという哲学者は、「愛」についてこんな風に語っている（『愛の情念』）。

「**愛すべきかどうかと、ひとはたずねる。しかし、それはたずねることではない。感じるべきことだ**」

このように、誰を愛するかが「感じること」であるのなら、その感情を禁止することなどできないはずである。**それなのに、好きになった相手が異性であれば**（基本的には）**許され、同性であれば許されないという違いが出てくるのは、どういう理屈なのだろうか。**

話の糸口として、次のような場面を想像してみてほしい。

同性の友だちから告白された

ヒロシとカズオは、中学に入学してからずっと仲のよい友だちだった。遊びに行くときも、試験勉強するときも、たいてい一緒だった。ヒロシは理数系が得意で、パズルを解くのが好き。カズオは文学や歴史に興味があり、ときどき詩を書いていた。二人は、お互いの得意分野や才能の違いを十分に認め合っていた。

そんなある日、ヒロシはカズオから手紙をもらった。

「普段から顔を合わせているのに、わざわざどうしたのだろう？」

そう思いながら手紙を読んでみると、驚いてしまった。なんと、「ヒロシのことが好きだ」と書いてあったのだ！

その気持ちは、入学式ではじめて会ったときからで、ずっと募らせてきたものらしい。いつ告白しようかずっと悩んでいた、とも書いてあった。

しかし、ヒロシのほうはカズオを大切な親友とは思っていたが、それは異性に感じる「好き」とは違うものだった。そして、カズオの思いを知ったヒロシは今、どうしようかと思いあぐねている。

ヒロシは、カズオの気持ちにどのように応えればいいのだろうか。

ステップ

1 同性愛を認めるか、否か？

好きな異性から、「あなたのことが好き！」と告白されたら、おそらく誰でも有頂天になる。それほど好きではない相手であったとしても、異性からモテること自体、気分としては悪くないだろう。

しかし、なぜか相手が同性になった途端に事情は変わる。**ヒロシはどうして、大切な人から向けられた好意を素直に喜べないのだろうか。カズオは、無二の親友ではなかったのだろうか。**

もしかしたら、これを機に、ヒロシはカズオを気持ち悪いと感じ、距離をとるようになるかもしれない。でも、単に同性だからという理由だけで、相手を拒絶していいのだろうか。

君がヒロシだったら、この状況をどう考えるだろう。同性の親友から告白されたら、気持ち悪いと思うだろうか。嬉しいと思いつつも断るだろうか。それとも相手の好意を受け入れ、付き合ってみようと思うだろうか。

これは君が、「同性愛を認めるかどうか」という問題にも関わってくる。

どの立場であれ、どうしてそう感じたのか、それを考えてみてほしい。そのためにもまずは、**誰かを好きになるとはどんなことか、「愛」について考えていこう。**

ステップ 2-1 異なる時代の恋愛観——「プラトニック・ラブ」

最初に断っておくが、私はここで、「同性愛」は社会的に認めるべきであり、それをしないことは差別である、というような話はしない。そうした議論の重要性は重々承知しつつも、一歩手前のことを話したいと思っている。

大前提として、「誰かを好きになる」ということは各人の感情の問題であり、第三者が干渉すべきではない。相手が異性であるか同性であるかも関係がない。同性であるから「愛すべきでない」などとも言えない。これが私の基本的な立場である。

なぜそう言えるのか。その根拠を君たちに話していこうと思うのだが、そのためには少し歴史をさかのぼってみたい。今とは異なる時代の男女の恋愛について知ることで、より自由な見方が可能になるはずだからだ。

最近の若い人は使ったことがないかもしれないが、「愛」について語るとき、しばしば**「プラトニック・ラブ」**という言葉が使われる。この言葉は、「肉体的欲求を離れた、精神的な愛」というふうに説明されるものであり、想定されているのは普通、男女の愛である。

しかし、レッスン2を読んだ人は思い返してほしいのだが、**言葉の成り立ち**を考えることは重要だ。「プラトニック・ラブ」を文字通りに訳すならば、**「プラトン的愛」**となる。つまり、「プラトンは愛をどう捉えたか」という話になるわけだが、驚くべきことに、**彼はここで男女の愛を想定していなかった。**古代ギリシアに「**パイデラス**

プラトンの「性」

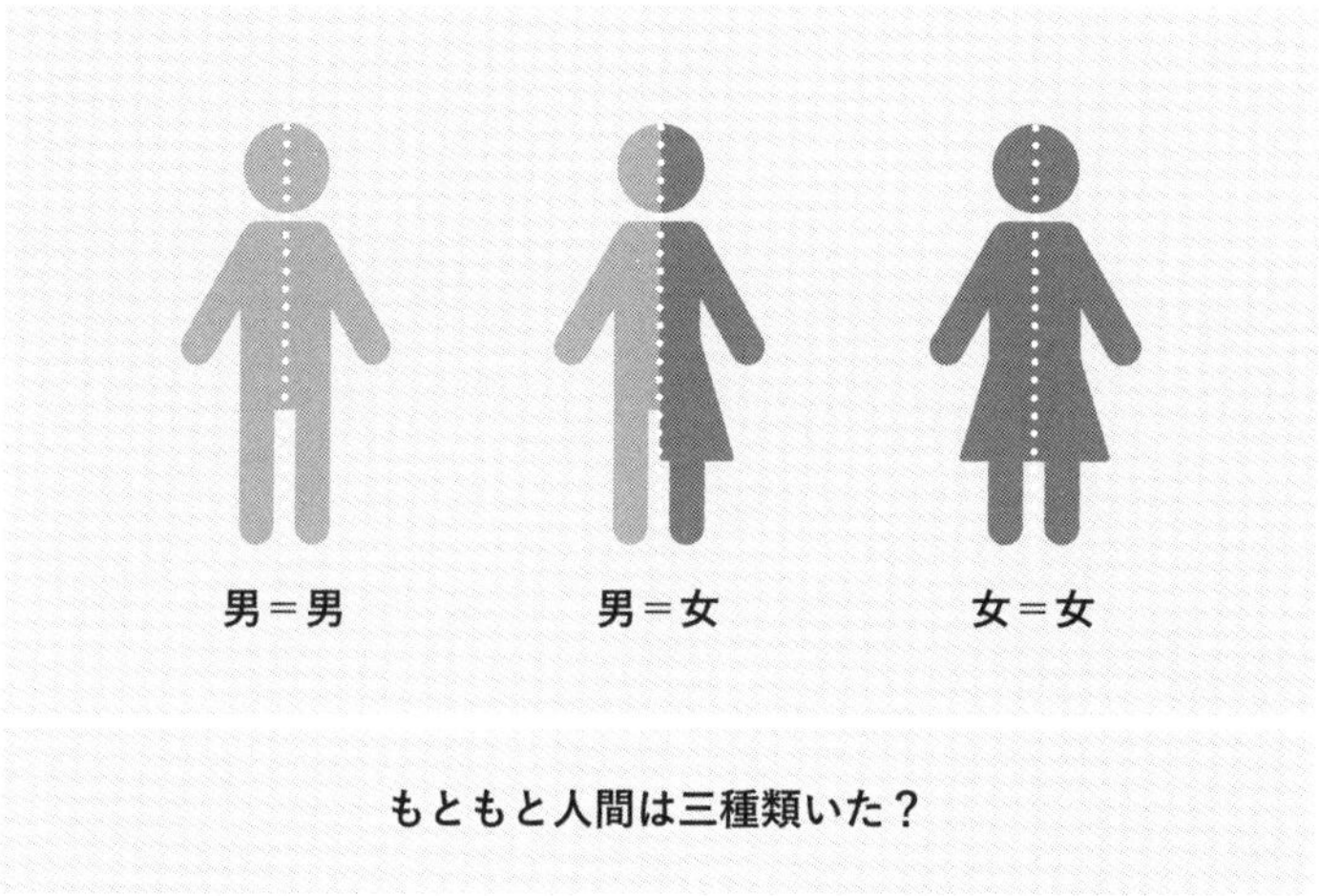

ティアー（少年愛）」という言葉が当たり前にあったように、「愛」はすぐさま「男女の愛」に結びつく言葉ではなかったのである。

当時の価値観を理解するために、「エロース（愛）について」という副題のついたプラトンの著作『**饗宴**《きょうえん》』の話を簡単に紹介しておこう。この中でプラトンは、喜劇作家のアリストパネスに、人間誕生にまつわる神話を語らせている。

――昔、人間の姿は今とは違い、いわば二人の人間が合体したような形をしていた（上図）。そのとき、合体の仕方によって三種類の人間が存在した。**一つ目は「男＝男族」、二つ目は「女＝女族」、三つ目は「男**

＝**女族」である。**しかし、三種類の人間はとても傲慢《ごうまん》で、神に逆らっていた。怒った神はついに、人間たちを真っ二つに割ってしまった。こうして現在の二種類の人間、つまり「男」と「女」が出来上がったのである。

アリストパネスによれば、切断されてバラバラになった人間は、かつて合体していたもう一方の片割れを探し求めるという。この憧れこそが「**エロース**（**愛**）」である。つまり、**プラトンは「愛」を、欠けてしまった自分の半身を求め、昔のようにそれと一体化したいと願うものとして考えていた。**

注目したいのは、**愛の形に3つのパターンが想定されていたことである。**つまり、男性間の愛、女性間の愛、そして男女間の愛である。そしてこの中で、プラトンが最も高次の愛と考えたのは「**男性同士の愛**」であり、男女の愛などは、人間以外の動物にも可能なものにすぎないとさえ考えていた。

したがって、「プラトニック・ラブ」が理想の形で成立するとすれば、それは男性同士の愛に他ならないのである（もっとも、プラトン自身はこの言葉を口にしてはいないのだが）。

こういうと、フェミニストの方から、「女性同士の愛はどうなんだ？　男性よりも下なのか？」と詰問《きつもん》されてしまいそうだ。しかし、ここで確認したかったのは、男性同士の愛が最上で、女性同士の愛や異性愛がその下にあるということではない。**歴史的に見れば「異性愛」は自明ではなかった**、ということである。

中世に向かうにつれキリスト教の価値観が強くなり、同性愛は厳しく禁止されるようになっていくが、最近ではキリスト教の内部でさえも「同性愛」が容認されることがある。愛の形を異性愛だけに限定するのは、歴史を無視した貧弱な発想にすぎないのだ。

ステップ 2-2 ふたつの「性」概念――「セックス」と「ジェンダー」

ここまで当たり前のように「同性／異性」という言葉を使ってきたが、そもそも「性」とは何かということについても考えてみよう。「性」については、たとえば次のような古典的な問いがある。

「性」は生まれつき（先天的）に形成されるのか、生まれたあと（後天的）に形成されるのか？

フランスの哲学者で、フェミニストでもあった**ボーヴォワールの『第二の性』**には、次の有名な一節がある。

人は女に生まれるのではない、女になるのだ。

（『第二の性』決定版＝上巻／『第二の性』を原文で読み直す会 訳／新潮文庫）

つまり、男性に対して女性が劣った「性」、いわば「第二の性」に貶《おとし》められてきたのは、生まれつき決定されたことではなく、「女性」の性が社会的にそのように形成されてきたからである。この前提を出発点にして、ボーヴォワールは、女性が自らを解放し、男性に隷属《れいぞく》しないための自由な生き方を提唱した。

こうした「性」概念の捉え直しから発展したのが、「**セックス**」（生物学的・身体的な性）と「**ジェンダー**」（社会的・心理的な性）という考え方だろう。かつて「性」といえば、「オス／メス」といったように、生物学的・身体的な特徴だけを考えればよしとされていた。そこに社会的・心理的な観点が加わったことで、概念が拡張されたのである。

なぜそんなことが起こったのだろうか。

ここでは、生まれつきの性（＝セックス）だけでは対応できないような場面を想定してみよう。

マサオの性

マサオには兄と姉が一人ずついて、末っ子として生まれた。両親が何か変わった育て方をしたわけではなかったが、マサオは小さいとき、兄の服装よりも姉のスタイルのほうに親近感を持っていた。それでも小学校のころは、兄のおさがりを着て元気に友だちと遊びまわっていた。

ところが、中学生になって声変わりもするころ、自らの異変に気がついた。平日にはもちろん学校指定の学ランを着るのだが、休みになるとこっそり姉の服を着て鏡を見るのが楽しくなったのである。

また、好きな子ができたが、それは女の子ではなく自分と同じ男の子だった。女の子を見ることとは、服やスタイルの参考になるので好きだが、それは恋愛対象としてではなかったし、まったく興味が持てない。友だち（男）はみんな、クラスの中でどの女の子がカワイイかという会話をよくしている。でも、マサオにはその感覚がわからない。カワイイと思う男の子や、素敵だと思える憧れの先輩（男）ならいるのに……。

そんな自分の中の異変に気づいたとき、マサオは驚くとともに、途方に暮れてしまった。この感情を、男友だちに打ち明けたほうがいいのだろうか。自分の思いを、憧れの先輩（男）に伝えたほうがいいのだろうか。


もし、この社会が生まれつきの「性」しか認めないとしたら、マサオは「男の子」として生きるしかなくなる。男の子らしくふるまい（「性表現」）、女の子を好きになるべきだ（「性的指向」）、とされてしまう。

ところが、マサオは感情としてそれを受け入れることができず、まったく逆のことを感じてしまうのだ。しかも、**感情とはおのずと感じられるものだから、他人にどれだけ干渉されても変えられない。**

こうしたジレンマは、架空の存在であるマサオに限らず、歴史的にも、そして今日《こんにち》であっても、現実を生きる多数の人が経験しているものである。たとえば、**性同一性障害**に悩む人は、まさに自らが生まれ持った性と、自然に感じられる性が一致しないことから悩むのだ。こうした人びとが何十年もかけて声を上げたことで、「愛」の形**が「異性間」にとどまらないのと同じように、「性」の捉え方も拡張されてきた。**

性の固定化が生きづらさにつながることは、歴史を見れば明白である。そして、社会が押し付けてくる「女性らしさ」（ジェンダー）をめぐる争いの歴史こそがフェミニズムの歴史であった。「性」の考え方も、「愛」と同じく時代に合わせて更新されていくのである。

ステップ3 性愛の対象は人間だけなのか？

こうしてみると、「誰かを好きになる」という個人の感情の問題に外部の人間が干渉すべきではないし、その「誰か」が異性でも同性でも悪いということはない、ということがわかってもらえたのではないか。

たとえば、先ほどのプラトンは、男と女が合体した三番目の人間を「**アンドロギュノス**」と呼んだが、これは「**両性具有者**」（男女両方の性を備えた者）と見なされる。そして、**両性具有という特質はすべての人間に当てはまるあり方である、と考えたのが、精神分析学者のフロイトである。**

これまでの常識では、人間は男性か女性かのいずれかであり、男性には男性らしさが、女性には女性らしさがあると考えられていた。しかし、先ほどのように、ジェンダーという観点から「らしさ」というものが疑われるようになったり、生まれ持った性は男性だけど心は女性などという**トランスジェンダー**の人たちや、どちらの性も愛せるような**バイセクシュアル**の人たちの存在も可視化されてきた。

そして、このフロイトの考えを採用するなら、人間は誰もがみな両性を持つということになる。**つまり私たちは、男性であり、女性である。一人の人間の中に、両方の要素がグラデーションのように存在しているのだ。**ここでは、「性」や「愛」といったものが、かなりゆるやかに捉えられている。

ただ、ここではさらにまったく別の観点を導入したいと思う。

それは、**そもそも性愛の対象は「人間」だけなのか？ なぜここまで、当然のように「人間の男女」の問題しか考えてこなかったのか？** という観点だ。

ドゥルーズとガタリという二人の哲学者が書いた『アンチ・オイディプス』は、20

世紀の末に、世界中の若者に圧倒的な影響を及ぼしたが、その中に驚くべきことが書いてある。

愛をかわすことは、一体となることでもなければ、二人になることでさえもなく、何十万にもなることなのだ。（中略）ひとつの性も、二つの性さえも存在しないのであって、n……個の性が在するのだ。

（『アンチ・オイディプス』下巻／宇野邦一訳／河出文庫）

「n個の性」とはなんだろう？

常識的な発想で「性愛」を捉えるとき、私たちはおそらく人間関係においてのソレを想定するだろう。異性愛なら人間の男女だし、同性愛であれば人間の男性間、あるいは人間の女性間の関係である。欲望が向かう先は基本的に人間であり、性愛も人間同士のあいだで営まれることが無意識の前提とされている。

しかし、人間の欲望は「人間」だけに向かわない。ドゥルーズとガタリによれば、私たちの欲望は多種多様であり、さまざまな対象に向かっていくものなのだ。

たとえば、アニメのキャラクターがとても好きで、人間には関心が向かない人がいる。人間よりも動物と生活するのを楽しいと感じる人もいる。あるいは、一日中パソコンに向かって、プログラミングに熱中する人もいるだろう。音楽が好きな人、機械いじりが好きな人、ゲームで寝食を忘れる人……、例を挙げればキリがない。

こうした欲望のあり方すべてが「恋愛」と言ってもいいのではないか。「愛」や「性」といったものを人間関係だけに限定して考えること自体、とても偏狭《へんきょう》な考え方である。このようにドゥルーズとガタリは考えた。

人間の欲望を、人間関係だけで捉えることはできない。同性愛にしても異性愛にしてもそうだ。私たちはこれまでの常識から、「男／女」**というふたつの限定された性に思考を縛られすぎている。**性や愛はn通りの可能性を持っているのだ。

そもそも、プラトンよりも前に古代ギリシアの哲学者、**エンペドクレスが「愛」という概念を導入したとき、それは人間同士の関係ではなく、自然学の原理として語られた。**

エンペドクレスによれば、元素となる物質を結びつける力が「愛」であり、それらを引き離す力が「憎しみ」であると考えた。つまり、「愛」や「憎しみ」は、元素となる物質間で働くものとされたのである。この発想は、「愛」を人間関係で働くものとして考えがちな私たちには、なかなか理解し難いかもしれない。それでもなお、この考え方は、「愛」を人間同士の関係から解き放つときに有効なヒントを与えてくれるように思われる。

「愛」は人間の異性間に限定されないし、同性間であってもなんら問題ない。それどころか、「人間」にも限定されない。最近、声高に叫ばれるダイバーシティ（多様性）の理想形は、こういう形を言うのではなかろうか。

ステップ

4 欲望との向き合い方

「n個の性」という概念にたどりついた私たちは、最初の問いに対してどんな結論を出せるだろうか。ヒロシはカズオに、どうやって向き合えばいいだろうか。

まず、親友であるカズオに告白されたヒロシは、異性から告白されたときのようにはそのことを喜べず、戸惑った。

この時点でハッキリしているのは、**二人の性的指向**（**恋愛対象**）**が異なるということである。これについては、どちらが良いとも悪いとも言えない。**それは外部から強制して変えられるものではないからだ。

もしも二人が同じ性的指向であったら関係に発展があったかもしれないが、そうでなければ恋愛は成立しない。**恋愛は、性的指向の一致のみならず、互いの合意があってはじめて成立するものだからだ。それは同性でも異性でも変わらない。**相手に自分の気持ちを押し付けることはできないし、すべきでないのである。

重要なのは、もしここでヒロシがカズオを気持ち悪いと思い、告白を断ったとしても、**「カズオの性」そのものを絶対に否定してはならない、**ということである。

それは、あまりにも傲慢な態度だろう。自分の性、相手の性……、そしてn個の性を、私たちは認め合わねばならない。**相手には相手の性と欲望があるように、君にも君ならではの性と欲望がある。**断る権利はあっても、相手の性を否定し、侵害する権利はないのだ（たとえば「アウティング」という行為は、LGBTなどに対して本人の同意を得ることなく性的指向などの秘密を暴露《ばくろ》することを指す、こういうことは最低な行いだ）。

もし、ヒロシがカズオの気持ちに応えられないとしても、ヒロシは「カズオの好き」を少なくとも理解して尊重すべきである。同時に、カズオもまた、自分の思いを一方的に押し付けるのではなく「ヒロシにはヒロシの好きがある」ということを理解し、尊重すべきである。もしかしたら、ヒロシは人間よりも二次元のキャラクターのほうがよっぽど好きかもしれないし、ソレはソレでありなのだ。

強制や拒絶によって、「n個の性」の扉を閉ざしてはいけない。
その扉はきっと、相互理解の可能性に開かれている。

コラム4 「性」をめぐる闘い――「フェミニズム」の歴史

「フェミニズム」の話が出たので、その歴史的経緯について少し詳しく触れておこう。ただし、一口に「フェミニズム」と言っても、歴史や立場によって多様な主張が展開されているため、「これがフェミニズムである」というような単一の形態があるわけではない。今回はあくまで、現代における「性」の状況を理解するという目的に照らしながら、**「フェミニズム」の歴史**を概観してみたい。

フェミニズムとは、もともとラテン語の「femina」(女性)から派生した言葉である。しかし、一般的には**「女性の解放運動」**という文脈で理解されている言葉だ。この運動の歴史は、大きく3つの段階に区分できる。

第一は、19世紀後半からはじまった女性の権利獲得運動である。それまでの女性は男性と違い、参政権などの権利が十分に認められておらず、社会的に差別されていた。ここで目標となるのは、女性が男性と同等の権利を獲得することである。これを、**「男性と女性の区別をなくすための闘い」**と表現しておこう。

第二は、20世紀後半以降にはじまったフェミニズム運動である。これは「男女が同等の権利を獲得した」という条件のもとはじまる(もちろん完全ではなかったが)。第一期フェミニズムが男女の性の区別をなくすことを目指したとするなら、第二期フェミニズムはむしろ、男女の性の差異を強調する方向へと向かった。つまり、2

つの性の違いを認め、それぞれに固有の特質や能力を引き出すことが求められたのである。これを、**「男性と女性の差異を認めるための闘い」**と表現しておこう。

ところが20世紀末頃から、これまで自明視されてきた**「男性／女性」という性の区別そのものが問い直されることになった。**その典型が、生物学的・身体的な性に対する、社会的・心理的な性としての「**ジェンダー**」である。身体的な性と心理的な性が一致しないために苦悩する人々が声を上げはじめたのもこの時期だ。これは、**「性を解放するための闘い」**と表現できるかもしれない。たとえば、アメリカの哲学者、**ジュディス・バトラー**は、『ジェンダー・トラブル』を出版し、従来の生物学的な性の区別を根本的に批判した。今や性の区別さえも自明ではなく、新たに考え直す時期に来ているのだ。

参考図書

シモーヌ・ドゥ・ボーヴォワール『第二の性』（新潮文庫）
第二次世界大戦後すぐに出版されたこの本の、「人は女に生まれるのではない、女になるのだ」というフレーズはあまりにも有名。フェミニズム宣言としても、実存主義的女性論としても社会に衝撃を与えた。

ダナ・ハラウェイ『猿と女とサイボーグ』（青土社）
タイトルを見ただけでフェミニズムの新しい世界を予感させてくれるが、内容はやや難しい。しかし、これを読むとこれまでの「性」がもはや自明でなくなったことを実感できる。

レッスン

5 「友だち」を考える

どこからが敵なのか？

君は今、学校の宿題と塾の予習で忙しい。そんなとき、スマホの通知音が鳴った。友だちからメッセージが届いたようである。

しかし、今はどうにも忙しい。一度返信すれば話は長くなるだろう。それに、通知を見る限りは急用ではなさそうで、他愛もない話だと思れる。

でも、もし返信が遅れたら、友だちはおそらく無視されたと思い、気分を害するかもしれない。アイツはそういうやつなのだ。それほど急を要するものでなかったとしても、やっぱりすぐに返信したほうがいいかもしれない。

と思ってチャット画面を立ち上げてみると、案の定、急用ではなく他愛のない雑談だった。それでも、既読をつけてしまった以上は返信をしなくてはならない。こうして雑談がはじまって、結局2時間も費やしてしまった。

あーあ、やっぱり見なければよかった……。

こういう経験は、おそらく一度や二度ではないだろう。ほとんど毎日、感じていることかもしれない。スマホはとても便利で、とても面倒な道具になってしまった。いつでもメッセージを送り合えるからこそ、返事がないと不安になる。誰からも連絡がないと寂しいし、来れば嬉しい。その一方で、やりとりが続くとうっとうしくなったりする。


「君は大切な友だちだ。でも、面倒だからスルーしたいこともあるんだよ」


正直にこう言えたならいいのだが、そんなことは口が裂けても言えない。だから、どんなに忙しくても、相手を友だちだと思えば思うほど、仕方なく返信してしまう。どうして、こんなことになってしまったのだろう。

若い読者にはピンとこないかもしれないが、かつてメールは、相手にあまり負担をかけない手段だと言われていた。電話は相手の時間を拘束してしまうので、忙しいときほど迷惑になる。だから、余裕のある好きなタイミングで読んでもらえるメールがいいのだ、と。

すぐに返事はしなくていいし、時間があって、必要なときに返す。これがメールの鉄則（タテマエ）である。少なくともビジネスの世界では、そう思われていた。**それなのに、友だち関係ではこうはいかない。すぐに返事をするのが鉄則（タテマエ）になっている。**

いなければ寂しく、いたとしても、ときに面倒な存在になる（やりとりをちょっと間違うといじめられたりもする）。**友だちって、とってもリスキーだ。それって、ほんとうに必要なものだろうか？**

今回のレッスンでは、まず古代ギリシアの哲学者、**カルネアデス**が考えた有名な思考実験を少しアレンジしたものを紹介してみよう。

カルネアデスの舟板（友だちバージョン）

一隻《せき》の船が難破し、乗組員はみんな海に投げ出された。一人の男（ゴロウ）が命からがら、壊れた船の板切れにすがりついた。するとそこへ、同乗していた友だちのタクヤがやってきて、同じ板につかまろうとしてきた。

しかし、二人がそれにつかまれば、板そのものが沈んでしまう。いずれかしか助からないのだ。このとき、ゴロウはどうしたらいいのか？

ステップ1 友だちのために、自分を犠牲にすべきか？

これはよく「緊急避難」の問題とされる。つまり、自らにふりかかった危険な状況を避けるために他人の権利を侵害できるか、という法的に問題だ。

しかし、ここでみなさんと考えたいのはそれ以前のことである。

ゴロウとタクヤは「友だち」だ。そして、二人ともが助かることは不可能であり、選択肢は3つしかない。つまり、**①ゴロウだけが助かる、②タクヤだけが助かる、③どちらも助からない**、である。

君も、君自身の「友だち」に置き換えてこの問題を考えてほしい。

君は、「友だち」のために自分を犠牲にするだろうか？

「友だち」とは何か、徹底的に考え抜いてみよう。

ステップ
2-1 理想の「友だち」

改めて状況を確認してみよう。大前提として、二人ともが助かる道はなく、助かるとすればゴロウかタクヤか、どちらかしかない。

では、この状況下でのゴロウとタクヤの違いはなんだろうか。二人は同じ船の乗組員であり、同じように海に投げ出された。その点に違いはない。ただ、**ゴロウのほうが早く船の板切れにすがりついた、**という点は異なる。

しかし、この板切れはどちらかの所有物というわけではなく、ゴロウが先に手に入れたのも偶然の結果にすぎない。**このとき、どちらが先だったかという順番は、二人の命の優先順位を左右するだろうか？**

これが電車内の座席であれば、先着順をむげに否定することはできないだろう。ある席に座っている人に、あとから乗り込んできた人が文句を言って、席を譲るように要求することはできないのである。同様に、**板切れはたしかにゴロウの所有物ではな**

いが、だからといってそれを、あとからやってきたタクヤが譲るように要求することはできない。二人が「赤の他人」であったのならば――。

そう、**この状況で厄介なのは二人が「友だち」であることなのだ。**

AとBが友だちであるとき、たとえば、電車で席がひとつだけ空いていて、それを見つけたのがAだったとしても、Aは自分だけが最後まで座り続けることにうしろめたさを感じるだろう。Bと交代で座ってみたり、互いに席を譲り合った結果、どちらも座らないということになったりするのが常だ。

これは、難破船でも同じだ。ゴロウはもしかしたら、電車の席と同じように、タクヤと交代しながら板につかまり、なんとか二人で助かろうとするかもしれない。というより、一人だけが助かることにうしろめたさを感じて、タクヤにも幾分かは譲るのである。ここにあるのは、**友だち関係においては、自分の利益だけを主張することはできないという「無意識の前提」**である。

たとえば、太宰治《だざいおさむ》の『走れメロス』を読んで多くの人が感動するのは、メロスが自分の命を顧《かえり》みず、友だちのために行動するからだろう。もし、メロスが自分の命を優先して友だちを裏切ったとしたら、物語は台無しだ。

とすれば、ゴロウは友だちとしてタクヤに板切れを譲り、自らの命を犠牲にすべきなのだろうか。しかし、友だちの問題がさらに厄介なのは、**もしもタクヤがゴロウの好意を受け入れたとしたら、「タクヤはゴロウの友だちではなかった」ということになりかねないことだ。**なぜなら、タクヤがゴロウの好意を受け入れるということは、友だちよりも自分の命を優先したということに他ならないからである。タクヤがゴロウを友だちだと思っているのならば、タクヤはゴロウのためにも好意を受け入れるべきではない。

それに、タクヤが迷わずゴロウの好意を受け入れたとしたら、おそらくゴロウは、そんなタクヤの行動を見てわれに返るのではないか。「自分はタクヤを友だちだと思って板切れを譲ったのに、タクヤは迷うことなく自分の命を優先した！　タクヤは自分を友だちとは思っていなかった！」と。

タクヤがほんとうにゴロウの友だちだったら、「僕のことはいいんだ。先に君がつかまっていたんだから、君が助かるべきだよ！」と言うはずだ。それを、「ありがとうゴロウ、君の好意に感謝するよ！」と言うようでは**友だち失格**である。

そう考えると、友だちバージョンの「カルネアデスの舟板」において、**二人が「ほ**

んとうの友だち」であるのなら、結末はひとつしかない。つまり、「友だち」であるからこそ、どちらも助からない――。

だが、こんな結論は残念だし納得できないだろう。ここで重要なのは、**自己犠牲は一見美しく、理想的な友だちの条件ではあるのだが、現実的でない**、ということだ。

ステップ2-2 現実の「友だち」

「ほんとうの友だち」であれば、自身の利益よりも相手の利益を優先するはずだ、というイメージを、「**理想化された友だち像**」と呼んでおこう。そして、現実にはこんな友情はなかなか存在しない。私たちはもっと、「**現実的な友だち像**」を考える必要がある。

次なる手がかりとして、**プラトンが「リュシス」の中で語った「友だち」論**を見てみよう。

貧しい人は金持ちと、弱い者は強い者と、そして病人は医者と、援助を求めるために友になるのが必然であり、だから総じて知をもっていない人は知のある人を愛し、そして愛し求める（…）つまり、似たものが似たものにとって友であるどころではなく、そのまさに正反対なのである。

（『リュシス 恋がたき』／田中伸司＋三嶋輝夫 訳／講談社学術文庫）

2500年ほど前の議論なのに、意外と現代的だと思わないだろうか。つまり、ここでプラトンが「友だち」と呼ぶのは、ハッキリ言ってしまえば、**「自分の役に立つ人」**である。

貧しい人は裕福な人を友だちにして、自分が困ったときに助けてもらおうとする。腕力に自信のない人は、ケンカの強い人を友だちにして、ボディーガードにしたいと思う。逆に言えば、自分にとって役に立たない人は、わざわざ友だちにする必要がない、と彼は言っているのだ。

なんとも、ドライな友だち観であるが、実際、私の知り合いにもこんな考えを持っている人がいた。たとえば、病気になったら医者の友だちに相談し、法的なもめごとが起きたときには弁護士の友だちに相談する、という具合である。その人の口癖は、**「友だちは利用できる人であり、利用できない人とは友だちにならない」**というものだった。

もしこの考え方を採用するのであれば、**友だちがたくさん欲しいという人は、まず自分自身の能力を磨くしかない。**頭のいい人、経済的に豊かな人、スポーツができる人ほど周りに多くの人が群がるし、逆に、何も才能がなく、貧しく、経済的な地位の低い人ほど友だちにしたいと思われない。自分の能力を高め、他の人から評価されるようになること。これが、友だちをつくるための最も簡単な方法なのである。

……しかし、このように説明されたところで、君は全面的に納得できるだろうか。**たしかに、有能で豊かな人ほど、「友だち」であることを望まれやすいかもしれない。でも、それってほんとうに「友だち」なのだろうか。**

たとえば、貧しい人が豊かな人を友だちにする場合を考えてみよう。貧しい人が友だちにしたかったのは、豊かな人その人だろうか。それとも、豊かな人が持つ財産だろうか。プラトンの立場からすれば、後者であることは明らかだ。なぜなら、貧しい人は、豊かな人の財産が自分にとって役に立つからこそ、その人を友だちにしようと思うのである。つまり、**「人」ではなく「モノ」を友だちにしたにすぎない。**

また、逆の立場から考えてみるとどうだろう。貧しい人がどれだけ豊かな人を友だちにしたいと思ったとしても、**プラトンの原則からすれば、豊かな人は貧しい人を友だちにしたいと思わないはずだ。**豊かな人にとって、貧しい人はなんの利用価値もないのだから（チャリティーのイメージ戦略としてはいいかもしれないが）。とすれば、**貧しい人と豊かな人との友だち関係は、そもそも一方的でしかありえない。**

「自分の役に立つかどうか」という条件は、同じ階層にいる人同士の友情しか生み出さないし、利用し合えるものがある間柄での友情しか成立させないのである。これはたしかに現実的だが、あまりに現実的すぎて採用したくない考え方だろう。

ステップ3 「敵」について考える――戦略的な友だち像

ここまで、かなりストレートに「友だち」とは何かについて考えてきた。そしてまだ、しっくりくる定義は見出せていない。

つまり、これではまだ、考える観点が不十分なのである。ではどうするか。

一般的に、**あるもの（×）の特質を考えるには、反対（反－×）の概念を確認し、その対比によって理解することが有効だ。** たとえば、「良い」を考えるために、「悪い」と対比しながら考える、というように。ここでもそのやり方を採用してみよう。「友だち」の反対概念とは何か――。**「敵」である。**

ここですぐに思い出せるのは、**カール・シュミットの「友敵理論」**だ。シュミットは1930年代に活躍した政治学者だが、彼の議論は今回の文脈にも応用がきく。

シュミットは『政治的なものの概念』の中で、道徳が「善と悪」を対立させ、区別するように、**政治では「友と敵」が究極的な対立項となる、**と述べている。実際に、国際政治の場面では「友好国」と「敵対国」が区別され、それぞれに対してどうふるまっていくかが重要な課題となる。

シュミットの「友敵理論」の中で注目したいのは、**「友」と「敵」とが対立するものとして、不可分に結びついていることだ。** 何が画期的かというと、これまでの「友だち」についての議論は、「友」について考えるばかりで、「敵」という概念についてあまり問題にしなかったからである。

しかし、誰を「敵」と想定するかによって、誰を「友」とするかは変わる。「敵」を無視して「友」を論じることはできないのだ。

このように、「敵は誰か」という議論から得られる「友だち」のイメージを、**「戦略的な友だち像」**と呼ぶことにしよう。こうした戦略的な議論なしには、口当たりはいいが、現実では使えない机上の「友だち像」しか得られない。

では、「友敵理論」を参考にした、**「アレンジ版・カルネアデスの舟板」**を考えてみよう。

カルネアデスの舟板（友敵バージョン）

一隻の船が難破し、乗組員はみんな海に投げ出された。一人の男（ゴロウ）が命からがら、壊れた船の板切れにすがりついた。するとその板に、同乗していた友だちのタクヤがつかまってきた。その板切れは、二人ならなんとか持ちこたえられそうで、このままいけばどちらも助かりそうだった。

ところが、そこにもう一人の乗組員、シンゴがやってきて、同じように舟板につかまってきた。すると、舟板は沈みはじめたではないか。二人なら助かるが、

「友だち」のイメージ

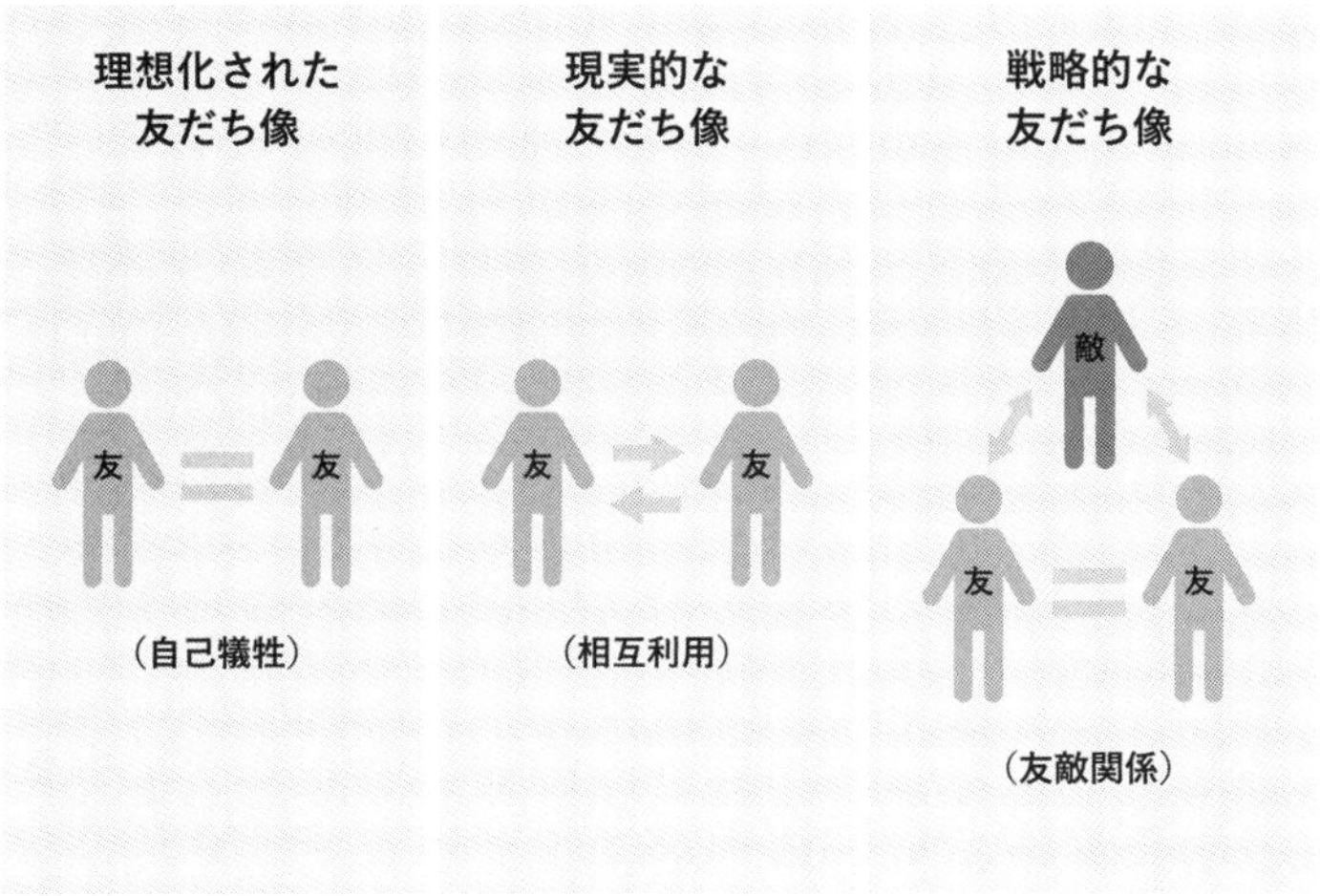

三人は不可能なのだ。

このとき、ゴロウはどうすべきか？

ここで求められるのは、裏切りか自己犠牲かの選択ではない。事態はより複雑であり、ゴロウは誰と手を組み、誰を排除するかを決めなくてはならなくなっている。つまり、**敵と友を明確に区別し、生き残る戦略を考えることを要請されている。**

ゴロウが「みんなで助かろう」なんて甘いことを言えば、タクヤとシンゴが結託して「友」となり、ゴロウを「敵」と見なすかもしれない。あるいは、ゴロウはタクヤと「友」の絆《きずな》を再確認し、シンゴを「敵」として海に沈める覚悟をすることもありえるだろう。

「戦略的な友だち像」において、「友」になるとは、共通の「敵」を設定し、それと徹底的に闘うことにほかならない。「敵」なくして、友情関係は成立しないのだ。

共通の「敵」が「友」との結束を強くするし、「私たちは友だちである」という集団的な意識を生み出す。友だちは片思いでは成り立たず、互いが友だちであることを承認し合う必要がある。

そして、これがとても難しい。なぜなら、こういう関係には**「裏切り」の可能性**が常につきまとうからだ。

たとえば、ゴロウはタクヤと友だちだと思っているので、シンゴを敵と見なしたい。ところが、陰でシンゴがタクヤに働きかけ、より魅力的な友だち関係を築いてしまったら、ゴロウはたちまち「敵」として認定されてしまう。もちろん、ゴロウがシンゴと手を組む可能性だってある。このように、**状況次第で「友敵関係」は変わってしまうのだ。**

ステップ4 「友だち」の条件とは

こうした「戦略的な友だち像」にも、違和感を抱く人はいるだろう。「友だちとは自分の心をわかってくれる唯一無二の存在なんだ。裏切りとか敵などという言葉では表現できない！」──たしかにそう思いたいかもしれない。

しかし、**「相手が自分の心をわかってくれる」ことなど、期待しないほうがいい。**だいたい「心」なんてものは、自分にだってよくわからないのだ（そういうテーマで考え抜いてみても楽しいだろう）。

また、「いじめ」などの事例をわざわざ持ち出さずとも、社会における現実の人間関係が「友」と「敵」の設定に深く関わっていることは、知っておいたほうがいい（大人もそうだ。学校でも会社でも、派閥《はばつ》争いなんていうのはしょっちゅうあるし、ビジネスにおける「提携」や「競合」などは、まさに友敵理論の考え方である）。

さて、ここまで3つの「友だち像」を見てきたが、大切なのは、どれかが絶対的な正解ではなく、どれもが可能性としてありえるということである。

私たちは、ただひとつの友だち像に固執する必要はないし、ある友だち像のみを前提とすることはむしろ、関係性を縛ることにもつながる。

そういう思考に囚われて、Aはほんとうに私の友だちなのだろうか、私はAにふさわしい友だちと言えるだろうか、などと思い悩むのもやめたほうがいい。**この状況でなら「友」でいられるし、別の状況では「敵」になるかもしれないといったように、もっと柔軟に人間関係を捉えてもいいのではないか**（たとえば、冒頭の例で言うなら、たしかに相手は君の友だちだが、勉強中という状況においては、彼からのメッセージは敵である。友だちだからといって、全部に応えていたらキリがない）。

最後にもうひとつ、オランダの哲学者、**スピノザ**の考え方を紹介しておこう。彼の考え方も、「友」か「敵」かを判断する上で、ひとつの有効な指針を示してくれると思う。

キリスト教の『旧約聖書』の中で語られている、**「禁断の果実」**のことは知っているだろうか。神は人間（アダムとイブ）に、「善悪の知恵の木」の果実をとって食べることを禁止した。そして、人間はその禁忌《きんき》を破ったために楽園を追放された。これは、西洋では誰もが知る話である。問題は、この話をどう理解するかである。

スピノザはこの話から、人間にとっての**「良い」と「悪い」**を説明している。

簡単に言うと、「良い」というのは、その人にとって適合的であること、つまり、その人の力を増大させることである。逆に、「悪い」とは、その人に不適合であるために、その人の力を減少させることである。**自分の力が増減するかどうかをもとに、「良い」と「悪い」を判断しよう、**というのだ。

たとえば、「良い」教師とは、面白い授業によって、生徒の力を引き伸ばしてくれる人であり、「悪い」教師とは、つまらない授業をすることによって、生徒の力を低下させる人のことである。

もちろんこれは、相手が「人間」でなくても成り立つ。度が合ったメガネは自分の能力（視力）を増大させるので「良いもの」、度が合わないメガネはそれを低下させるので「悪いもの」、ということになる。かなり汎用性《はんようせい》が高い考え方だろう。

このスピノザの「善悪」の区別は、**「友だち」の条件**について考えるときにも有効だ。試しに、次のように語ってみよう。

「友だち」と「敵」は（…）活動力能の変動がとる二つの方向なのだ。活動力能が減少をみること（この変化が悲しみである）、これは「敵」。増大をみること（喜び）、これは「友だち」。

（ドゥルーズ『スピノザ』〈平凡社ライブラリー〉をもとに「善悪」を「友敵」にパラフレーズして引用）

この考え方のメリットは、**友にしても敵にしても、常に自分を基準にしながら考え、相手を評価できる**ことにある。自分の力を増大させるか、低下させるか。これがすべてである。

もうひとつのメリットは、先ほども言ったように、友や敵を「人間」に限定する必要がなくなることだ。**自分にとっての「友だち」は、犬でも猫でも、オンラインゲームのアバターでもロボットでも、なんだっていい。**

たとえば、将棋の世界では最近、ＡＩ（人工知能）と対戦することを通して力をつけてプロになる人も多くなった。この場合、ＡＩはその人の能力を増大させているので「友」と言える。逆に、いくら君がお気に入りのゲームを友だちだと言い張っても、依存症になって、成績や健康に害が出るのであれば、それは自分の能力を低下させているので「敵」なのだ。

ゆえに、友だちが少ないなどといって悩む子がいるが、その必要はない。君は「君にとっての友だち」を見つければいいのである。

最初の「カルネアデスの舟板」に戻ろう。ここではゴロウにとってタクヤが「友だち」であることが前提となっているが、ほんとうに問うべきは「ゴロウは友だちのためにどのような選択をすべきか」ではない。**「タクヤはゴロウにとって、どの程度の友だちなのか」**である。

「友だち」であることを理由に、一律に行動を決める必要はない。浅く付き合う友だちもいれば、自分を犠牲にしてもいいと思えるほどの友だちもいる。まして、後者のような友だちはほとんどいないはずだから、いるとすれば奇蹟的である。

この思考実験は、幸いにも現実にはなかなか起こりえないシチュエーションだ。だからこそ、相手が自分にとって「友」か「敵」かを確認する試金石になる。

相手は、自分にとって「何者」であるか。それを常に考えつつ、自分やチームにとって最適な行動を選んでいくしかないのだ。

コラム 5 カール・シュミットの危険な哲学

カール・シュミットは危険な思想家と言われる。一時期はナチス政権に協力したこともあるため、ナチスを擁護《ようご》する政治哲学者と見られることもあるのだが、彼の政治理論は、それを差し引いてもなお、現代政治を考える上で重要な意義を持っている。

試しに、**「民主主義と対立する政治形態は何か?」**と問うてみよう。そうすると、多くの人は「独裁」と答える。ところが、シュミットは異なる答えを提示する。いわく、**「独裁は民主主義の決定的な対立物ではなく、民主主義は独裁への決定的な対立物ではない」**。

これはどういうことか? 「自由・平等・友愛」をスローガンに掲げ、身分制や領主制といった封建体制を打ち破ったフランス革命は、民主主義的な体制の樹立につながった。しかし、その民主主義的な体制からジャコバン党の独裁が生まれたのは歴史的な事実である。ナチスにしても、最初は民主主義的な選挙を通じて政治支配を確立し、そこから独裁体制へと移行した。

シュミットが何を言いたかったか、わかってきただろう。**つまり、現在の政治体制が民主主義だからといって、いつなんどき独裁体制へ変わらないとも限らないのである。**民主主義と独裁は対立物どころか、コインの裏表のような関係にある。

また、シュミットは、民主主義にまつわる誤解としてもうひとつ重要な指摘をしている。いわく、**「民主主義と議会主義は、必然的な関係にない」**。これを聞くと、「えっ？」と思うかもしれない。学校で習う「民主主義」とは、選挙を通じて代議士を選ぶ「議会制民主主義」のことではなかったか。しかし、シュミットは「民主主義」と「議会主義」は違うカテゴリーにあると指摘し、両者を結びつけることに反対する（彼によれば、これらは慣例的にセットで語られてきただけ）。この考えをどう評価するかは別にして、今日の政治状況を見れば、民主主義も議会主義もそれぞれ危機に瀕《ひん》しているのは間違いない。

今日、「民主主義」は世界中でタテマエにはなっているが、改めてその概念を問い直してみると問題は山ほど出てくる。シュミットの哲学はこうした問い直しの際に使える。友だちから民主主義まで、広い射程を持っているのが彼の魅力かもしれない。

参考図書

プラトン『リュシス 恋がたき』（講談社学術文庫）
プラトンの対話篇は小説のように読めるので、最初に読む哲学書としてはオススメだ。「リュシス」は友情について語っているが、意外とドライな話なので驚くかもしれない。

サルトル『水いらず』（新潮文庫）
哲学書というより短編小説集だが、哲学的なテーマがたくさん含まれている。この中の「壁」という小説は、「友だち」について考える際にぜひ読んでおきたい。

レッスン

6 「AI」を考える

バーチャルな恋愛は成立するか？

こんなカップルがいたとする。二人は22歳で同い年。付き合って今年で3年になる。関係性も悪くないし、これまで大きなケンカもなかった。付き合いたてのころのような新鮮な気持ちはもうないが、別れる理由もとくにないし、このまま結婚して添い遂げるのもやぶさかではない。そう思われていた。

ただ、ひとつ気がかりなことがあった。パートナーの女性がアイドルのKにハマったのだ。ブルーレイを熱心に買い求め、ネットの動画も四六時中見ている。一緒に食事をするときも、いつもKの話ばかりで、彼氏のほうはもうウンザリといった状態だ。

そこで、思い切って彼女に言ってみた。

「そんなのばかり見て、どうしたいの？　そいつと付き合うつもり？」

それを聞いた彼女は思わず笑い出した。

「どうしたの？　やきもち焼いてるの？　私はただ、Ｋの映像を見て楽しんでるだけよ。コンサートだって行くかもしれないけどさ、それが何だっていうの？　別にＫと現実に付き合えるなんて思っていないよ。頭、冷やしなよ」

それでも、現実の彼氏からすればいい気はしない。自分といる時間よりも、Ｋの映像を楽しむ時間を優先されている気がするからだ。しかし、彼女を責め立てても、**「たかが映像の話でしょ？」**とあきれられてしまう。彼氏の悩みはつきない……。

こういう事態は今や普通にありえそうなことである。**もはやリアル**（**現実**）**とバーチャル**（**仮想**）**の境目はあいまいだ**（なお、「バーチャル」には二義性があり、もともとは「実際には存在しないが実質的には存在しているのと同じような」という意味を持つ）。ＳＮＳやオンラインゲームのようなバーチャル空間での出会いから現実の恋愛に発展することだってめずらしいことではないし、アイドル（本来の意味は「偶像」）とファンが付き合うなんてこともときどき起こったりする。

今回のレッスンで考えたいのは、私たちがある対象と恋愛関係を取り結ぶといったとき、「**いったい何を愛しているのか**」、そして「**相手が実在するかどうかは重要な要因なのか**」ということである。そこで、こんな思考実験をつくってみよう。中国生まれのイギリスの哲学者、**パーフィット**が考案したものを大胆にアレンジしたものだ。

恋人にするなら、どっち？

ここにとある装置がある。その装置の中に入った人間は、身体の細胞レベルまでスキャンされ、そのデータをもとに物質が構成されて、最初の人物とあらゆる点でまったく同じ存在（レプリカ）を完成させることができる。スキャンにともなう本人の痛みもない。そして今、君は猛烈に恋人がほしいと思っている。そんなとき、こんな提案を突き付けられたとする。「君に恋人を用意してあげよう、どちらか選びなさい」と。君なら、どちらと付き合うだろうか。

①　現実の人間を恋人として用意する。しかし、その人物のルックスは君の好みではない。ただし、性格上の相性はいいので話は合う。

②　好きなアイドルを装置に入れてレプリカをつくり、付き合えるとする。そのレプリカの性格や感情面は自分で設定できる。

ステップ

1 バーチャルな恋愛はありか？　なしか？

これは、好きなアイドル（レプリカ）となんの気兼ねもなく恋愛できるということだが、この話を学生にすると、たいていアイドルのレプリカがいいと言い出す。「〇〇ちゃんのレプリカがいいなあ」などと具体的な妄想《もうそう》を膨らませる者までいる。

どうやら、**思考の上では、人間であってもレプリカであっても区別はあまりなく、むしろ、レプリカのほうが都合がいいのかもしれない。**では、このレプリカの恋人が、細胞レベルのコピーではなく、もう少し人工的な要素の強いロボットだったらどうか。あるいは人工知能のように、肉体のない完全にデータ上の存在だったとしたらどうか（こうなってくると、もちろん、デートをしたり、セックスをしたりという行為も制限されてくる）。こうした程度の違いは、私たちの選択にどのような影響を及ぼすのだろうか。

君は何から何までを、恋愛対象と見なせるだろうか？

ステップ

2-1 概念の境界を問う――「リアル」と「バーチャル」

まず考えたいのは、**私たちが「誰か」を好きになるとき、「何」を好きになっているのか**、ということである。

わかりやすい例として、思考実験でも登場した「アイドル」を手がかりとしてみよう。つまり、**私たちがアイドルを好きになるといったとき、いったいそのアイドルの何を好きになっているのだろうか。**

まず、ハッキリしているのは、多くの人は、アイドルの**外見**（**ルックス**）を好きになるということだ（性格とか頑張っている姿とかも理由としては挙げられるだろうが、それはあとからわかることで、入り口はたいてい外見である）。もちろん、これには声やしゃべり方も含まれる。ひとことで言えば、アイドルの言動や立ち居ふるまいを好きになっているのだ。

そのとき、重要な働きをなしているのが、**視覚と聴覚**であろう。一般に五感という言葉があり、他に嗅覚《きゅうかく》・触覚・味覚があるが、アイドルに関しては視覚と聴覚の刺激だけで事足りる。とくに視覚は重要だ。ルックスのよさが視覚を刺激するのだから。

ここからわかるのは、私たちがアイドルを好きになるとき、実物との接触やコミュニケーションは必ずしも必要ではなく、**視覚と聴覚をいい具合に刺激してくれるものがあれば、それがバーチャルな映像であっても「好き」という気持ちを抱ける**、ということだ。プロモーションビデオや配信動画、ＳＮＳにあげられる写真など……すべて実物の写し（バーチャル）にすぎないが、それがあればまずは十分なのである。

こうした人間の特性は「**視覚中心主義**」と言われ、古代ギリシアの**アリストテレス**以来、指摘されてきたことだ。「**すべての人間は見ることを好む**」。ただし、現代であればここに「**実物であれ、バーチャルであれ**」という条件が付け加わるだろう。

芸能界はこの特性を利用して発展してきたと言える。何年か前に、あるアイドルグループで、実際のメンバーに、ＣＧの人物を合成したバーチャルなＣＭ動画が制作された。そのことは最初、秘密にされていたので、「新メンバーの加入か!?」と騒がれはじめた。そこで急いでネタばらしが行われたのだが、もし秘密が明かされないままだったら、おそらく、そのバーチャルなメンバーのファンも多数できていただろう（現実のメンバー以上の人気になったかもしれない）。

それに、現実のメンバーといっても、ほとんどのファンは直接会ったこともなく、映像などでしか見たことがないのだから、基本的にはバーチャルアイドルと変わらない。リアルな存在であることをファンが確認するために開かれるのが、握手会やコンサートなどのイベントであるが、実際にこれがなくても、好きになることはできる。そうでなかったら、芸能界が存続できるはずがない。

もはや周知の存在となった「初音ミク」は、視覚中心主義の究極系だろう。最初からバーチャルであることがわかっているのに、あれだけの熱狂を生み出し（武道館を満員にするくらいだ）、バーチャルアイドルとして不動の地位を築いたのだから。

「好き」という感情に「生身」であるかどうかは関係ない。まずはこれを前提に置くべきだろう。

ステップ2-2 よき理解者はどちらか？――人間とAI

とはいえ、アイドルに対する「好き」は、どちらかと言えば「憧れ」に近いものなので、実際に付き合えると考えているファンはほとんどいないはずだ。

もっと現実的な設定で考えてみよう。


外見か？　内面か？


ここにふたつのタイプの人間がいる。

一方のAは外見がいい。しかし、Aは君のことをよく理解しておらず、話をしていてもあまり面白くないタイプだ。他方のBは外見こそよくないが、話していてとても楽しく、君のことをよく理解してくれる。

一カ月はどちらとも付き合い、その後、いずれか一方と正式に付き合うことができるとしたとき、君はどちらを選ぶだろうか？


おそらく、多くの人は、第一印象だけならBよりもAと付き合いたいと感じるだろう。「視覚中心主義的」な人間にとっては仕方のないことである。

しかし、美人にしてもイケメンにしても、賞味期限はそれほど長くない。視覚的な刺激には慣れがともなう（飽きることもある）。そうなったとき、**いくら外見がよくても、**

話が面白くなく、しかもあなたを理解できないという人と、同じ時間を過ごしたいと思うだろうか。

たとえば、君が進路のことで悩んでいて、受験するか就職するかを決めかねているとしよう。Aは君の悩みに興味がないし、理解も示さない。Bなら君の悩みをじっくり聞いてくれる。こうしたやりとりが一カ月のあいだに何度も繰り返されたとき、より、ほどの視覚中心主義でない限りは、理解を示してくれることのほうが、付き合いを決める決定的な要因になるだろう。

しかし、真の問題は、君のことを理解してくれる人間が、そんなに都合よく存在するかどうかである。これは恋人に限らない。友人であっても、家族であっても、「**私のことは私にしかわからない！**」——と言いたくなった経験は、誰にでもあるのではないか（もちろん、自分なら自分のことがわかるという前提も怪しいが、今はその問題はおいておく）。つまり、完全な理解者など期待できない。

ところが時代は変わった。もしかすると、「**私以上に私のことを理解してくれる存在**」が生まれつつあるのかもしれない。ベストセラー『サピエンス全史』を書いた歴史学者の**ユヴァル・ノア・ハラリ**は、続刊の『ホモ・デウス』で現代の状況をこんな風に語っている。

グーグルの強敵であるフェイスブックが依頼した最近の研究の結果は、人間の性格や気質の判断に関して、今日すでにフェイスブックのアルゴリズムのほうが、当人の友人や親、配偶者と比べてさえ優っていることを示している。（…）もしあなたが自分のフェイスブックのアカウントで「いいね！」を三〇〇回クリックしていたら、フェイスブックはあなたの夫や妻よりも正確に、あなたの意見や欲望を予測できるのだ！

（『ホモ・デウス』下巻／柴田裕之 訳／河出書房新社）

そう、**もはや人間よりも、肉体を持たないAI（人工知能）のほうが私をよく理解できる可能性があるのだ。**

たとえば、私たちが普段、接続しているあらゆるものにAIは埋め込まれている。使用履歴など、あらゆる情報がそれによって蓄積される。AIの機能が今後さらに進化して、**もし、あなたと積極的に対話できる存在になったらどうだろうか。**

友だちと火曜日の3時に会う約束をしていたら、その前日に「明日の約束覚えている？」とリマインドしてくれる。「場所はどうしよう」とつぶやくと、「渋谷の○○にしたら？　今、流行っているらしいよ」と教えてくれる。そこで、「じゃあ、それで友だちにもメッセしておいて」と言えば、連絡まで完了している。しかも気をきかせて、その日に行くべきスポットまでマッピングしておいてくれる——。

もちろん今のAIにそこまでの機能はない。情報を検索するにしても、誰かにメッセージを送るにしても、自らデバイスに働きかけなくてはならない。しかし、それでも、スケジュール管理くらいならやってくれるし、語りかけたことに対しては応答してくれる。技術が発展すれば、それ以上のことが可能になるだろう。

こうなってくると、恋人や親友とどれだけ親しいといっても、スマホのAIにはかなわないのではないか。彼らは24時間、君のそばにいて、君に関する情報を収集しているのだから。実際、マッチングアプリでAIが活用されているのはご存じの通りだろう。AIのほうが君の好みを知っているし、君と相性のいい人をわかっている。

とすれば、**君のことを理解できない人間なんかよりも、君のよき理解者であるAIのほうが、恋人として理想的なのかもしれない。**

ステップ3 思うままになる恋人がいたら、幸せか？

さて、ここまでの議論をまとめると、誰かを好きになることにおいて、相手がリアルであるかバーチャルであるかという点はそこまで重要ではない。しかも現代では、人間よりもバーチャルなＡＩのほうが自分のよき理解者となりえる、ということだった。

しかし、君はこの結論に納得できるだろうか。ＡＩはほんとうに、理想の恋人となりえるのだろうか。ここで「**自由意思**」という観点から考え直してみよう。

哲学的にも議論が分かれる概念なので深くは立ち入らないが、一般論として、人間には自由意思があるとされている。簡単に言えば、自分が命令しても、相手は必ずしもその通りに動くとは限らない。なぜなら、相手にも相手の自由意思があるからだ。

そして、**「恋愛」はタテマエ上、双方の自由意志が一致したときに成立する。そして、それは常に成立するとは限らない。裏を返せば「恋愛」とは、拒否される可能性がど**

こまでもつきまとうものである。

たとえば、君の命令に必ず従い、絶対に反抗しない人物Aと、従う可能性もあれば、反抗する可能性もある人物Bがいるとしよう。このとき、君が恋人にしたいのはどちらだろうか。

単純に考えると、君の命令をすべて受け入れ、忠実に守ってくれるAかもしれない。しかし、**それは君の「恋人」というよりは、むしろ「奴隷《どれい》」である。**Aに自由意思がない（あるいは奪われている）場合、それは恋愛関係ではなく、ただの主従関係にすぎない。

相手が自分の望む通りに動いてくれたら、最初のうちは有頂天になるかもしれない。だって、どれだけアタックしても、相手がちっとも振り向いてくれないからこそ、片思いは苦しいのだ。自分の思いを無視されるよりは、思い通りになったほうがいいに決まっているじゃないか――。しかし、この喜びは永遠ではない。

何もかもが思い通りになる相手に恋愛感情を持ち続けるのは難しい。人が「恋愛ゲーム」にハマるのは、選択肢が限りなくあり、攻略しようとする相手が予期せぬ行動をするからである。相手が君の「奴隷」であっては何も面白くないだろう。

「恋愛」と「自由意志」

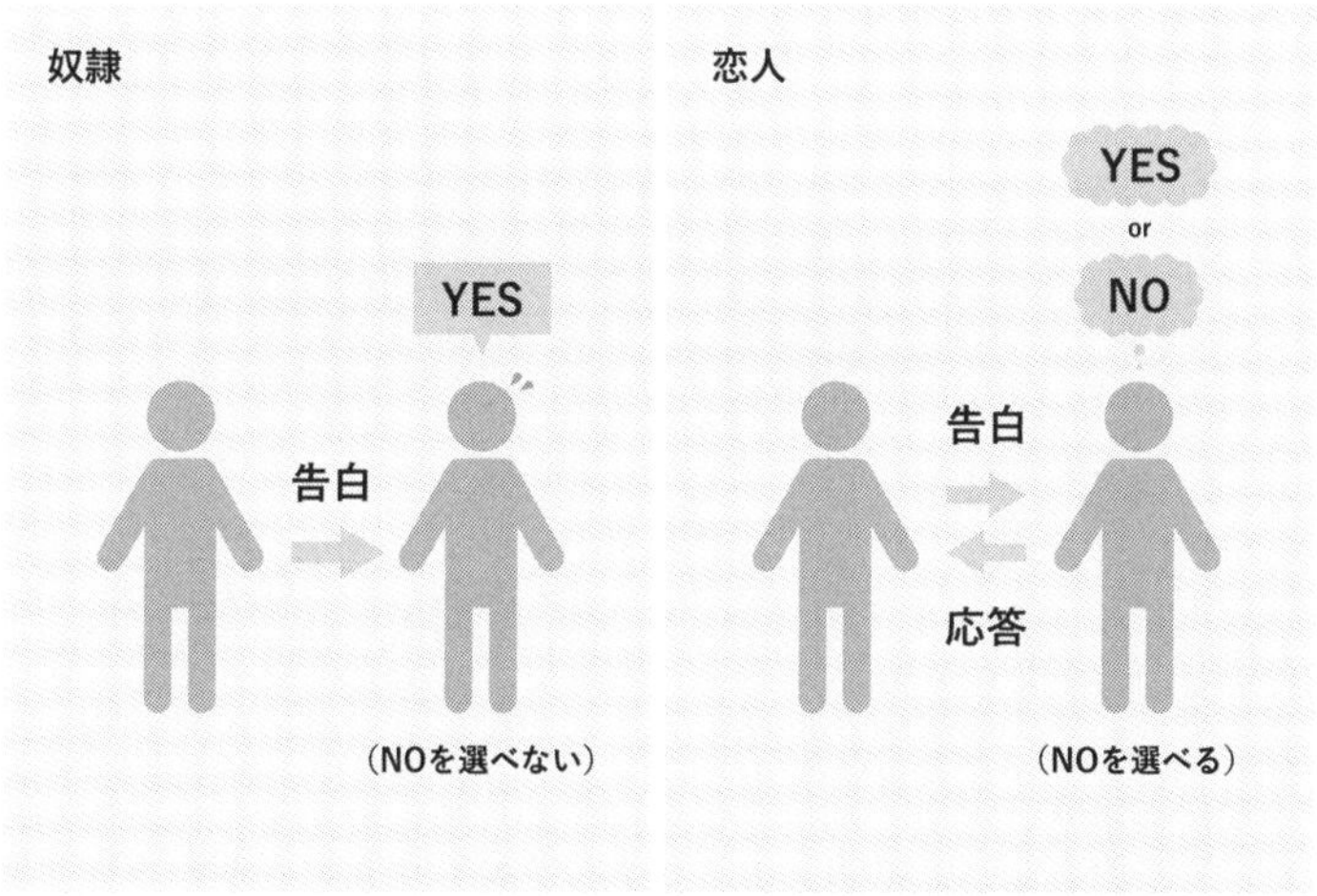

恋愛に限らず、人間関係にまつわる喜びといったものは、**相手に自由意思があり、君の望みを拒否することも、受け入れることもできるという状況で、それにもかかわらず、自らの意思で君の望みを受け入れてくれた場合**にのみ生じる。

これを**「自由意思の原理」**と呼ぼう。では、こうした自由意思を、ＡＩは持つことができるのか。今のところはもちろんない。だからこそ、ＡＩとの恋愛と言われると、違和感を持つのである。

だが、これは技術的な問題に関わってくる。実際、私の知る限り、ＡＩが自由意思を持つ可能性を否定する研究者はほとんどいない。つまり、**人間がＡＩに指示を与え**

ても、彼らはその指示を忠実に守るとは限らない――そんな日が来る可能性はたしかにあるのだ。そうなったときにはじめて、AIとの恋愛は不思議なことではなくなるだろう。映画『her／世界でひとつの彼女』で描かれたように。

ステップ4 裏切る自由について

だいぶややこしい話になったが、**「恋愛」の本質とはすなわち、常に仲良くあることよりも、ケンカしたり対立したりできる自由にこそあると言える。**もし、どちらか一方が、もう一方に強い不満を抱いているのに対立できず、その関係から逃げ出せないのであれば、それはもはや恋愛ではなく隷従《れいじゅう》である（たとえば、ドメスティック・バイオレンスは、暴力により相手の自由意思を奪っているから問題なのだ）。

だとすれば、次のように語ることもできる。**「自由意思の原則」は、ある二人を恋愛関係に発展させもするし、対立させもする。**たとえば、映画『エクス・マキナ』のように、次のような場面も今後は起こりえるのかもしれない。

AIの浮気ごころ

君は、君の好きなアイドルのレプリカ「マイ」を手に入れた。「マイ」は高度なAIを搭載されたロボットで、見た目もホンモノそっくり。レプリカと言われなければわからないくらい人間味にあふれ、君はすっかり夢中になってしまった。会話をすれば、自分のイメージする「マイ」そのものだし、「マイ」も君のことをよく理解して、疲れたときなどには慰めたりもしてくれた。

ところが、「マイ」のAIは非常に高度なので、日々学習を続け、より人間らしくあろうとする。そしてついに、「マイ」は君との関係に飽きてしまい、君よりも優秀で将来性のある君の友人に興味を持つようになった。君を利用して彼と付き合ったほうが自分にとっていいのだ、と。

君はこの「マイ」の考えを裏切りだと思うだろうか。

これは正直、あまり気持ちのいいストーリーではない。でも、**もしも君が、AIをはじめとするバーチャルな存在との恋愛関係を成立させたい**（あるいはそれが成立すると

思う）のならば、「マイ」の自由意思を認めざるをえないだろう。

君が最初に「マイ」を手に入れたからといって、いつまでも「マイ」が「君のもの」である必要はない。というよりも、「マイ」の自由意思を無視して君の「もの」にはすべきでないのだ。

こうしたシナリオは愉快ではないが、**AIやロボットが当たり前の存在となる未来を考えるとき、必ず想定しておかなくてはならない事態である。**実際に、『エクス・マキナ』はこうしたAIとの恋愛を取り扱った映画だが、最終的には人間のほうがAIに裏切られる結末が用意されている。ある意味、思考実験のような作品だ。

AIの発展を考えるとき、私たちの前にはふたつの道がある。

ひとつは、彼らに自由意思を与えないことである。あくまでも人間の道具、いわば人間の「奴隷」として接する道だ。このとき、AIと私たちのあいだに恋愛関係が取り結ばれることはないであろう。

もうひとつは、彼らの自由意思を認めることである（発展の結果、勝手に獲得するかもしれないが、それでもそれを受け入れるかどうかが問題）。この場合、私たちが彼らを裏切るかもしれないのと同様に、彼らが私たちを裏切ることを覚悟しなければならない。そうしてはじめて、ＡＩと私たちは対等な恋愛関係を結べるようになる。

なので、最初の問いに戻るのなら、かなり意地悪な結論になるが、「バーチャルな恋愛はありかなしか」とか、「君ならどちらと付き合うか」とか、そういうことを一方的に考えても意味がない。**大事なのは、互いの自由意思を認めること。裏切られる勇気を持ちながら、相手と対等な関係を取り結んでいくことなのだ。**

コラム

6 君に「自由意思」はあるか？

「ＡＩは自由意思を持つことができるか？」——という問いに答える以前に、実は、私たちは**「そもそも自由意思とは何か？」**という極めて厄介な問題を考えないといけない。

常識的に言えば、自分の行為を自分でコントロールでき、自分の決定によって自分の行為が引き起こされる場合に、私たちには「自由意思」があると考えられる。そして私たちは、自由意思にもとづいた行為が引き起こした結果に対して、**「責任」**を持たなくてはならない。その行為が法に反するものであれば、それ相応の刑罰を与えられる。「自由意思」と「責任」はセットで語られ、だからこそ刑罰という仕組みが機能するのだ。この常識は長いあいだ、あまり疑われることがなかった。

ところが、近年の脳科学の発展によって、「自由意思」に対する問い直しがなされている。というのも、**脳科学が明らかにしつつあるのは、人間の行為が自由意思ではなく、脳の活動によって決定され、生み出されているということだからである。**たとえば、ある人が人を殺したのは、脳の一部に損傷があって、殺人に対する衝動が抑えられなかったからである、というように——。

こうなると、その殺人は自由意思によるのではなく、脳の故障の結果として引き起こされたものと言えるだろう。このとき、その人に殺人の責任を取らせることは可能だろうか。また、刑務所に収容するような処罰では、結局のところ犯罪防止にならないのではないか。

脳の因果的な決定論か、行為者の主体性を認める自由意思説か。現在では大きく分けて、このふたつが両立するという説（両立説）と、両立しないという説（非両立説）がある。

非両立説においては、脳の因果的決定論を認めるか、それを否定して自由意思説を貫くか、いずれかの道しかない。しかし、脳科学の成果からすれば決定論を否定することは難しいので、

自由意思という常識は否定されてしまう。そこで、**最近人気があるのは両立説であり、これは脳の因果的決定論を認めると同時に、自由意思説も否定しないという立場である。**まさにいいとこ取りの立場であるが、問題は、この両者の関係をどう理解すればいいのかにある。当然、これについてはさまざまな議論があって論争は今も続いている。君は、君の自由意思を認めるだろうか。認めるなら、それはどのような形でだろうか。

参考図書

ダニエル・デネット『心はどこにあるのか』（ちくま学芸文庫）
無機物やアメーバ、動物、人工知能やロボットまで、心を人間にだけ限定せず連続的に理解しようとするデネットの議論は、固定観念や常識といったものを吹きとばしてくれる。現在の哲学的議論の状況を知るのにも適した一冊だ。

マイケル・ガザニガ『脳のなかの倫理』（紀伊國屋書店）
現代の脳科学者が最新の知見にもとづき、脳科学の進歩がもたらすであろう新たな人間理解や倫理的・道徳的な問題についてやさしい言葉で説明する。脳科学入門としても最適。

レッスン

7 「転売」を考える

どこまで売り物にできるのか？

Aは、友だちから人気アイドルグループのコンサートに誘われた。興味があったのでネットでチケットを買おうとしたが、すでに売り切れていた。でも、友だちはちゃんとチケットが買えたらしい。ああ、どうしても行きたい。

そんなとき、友だちが教えてくれた。

「そういうときは、転売サイトで買えばいいんだよ。私もそうやって買ったんだ」

「ええ〜！　でもそれって、けっこう高いんじゃないの？　それに最近、法律でも禁止されたみたいだし。どうしようかなあ。でも行きたいなあ……」

さて、Aはどうすべきか——。

もちろん法律上、Aは買うべきではない。でも、これでは話が終わってしまうから、少し別の角度から考えてみよう。

野菜や衣服や住宅など、この社会ではある意味、あらゆるものが「転売」されている。そして、私たちは、それを利用しながら日々の生活を送っている。

なのにどうして、チケットの転売については「禁止」されているのだろうか？

こんな例もある。人気のフリマアプリ「メルカリ」では、トイレットペーパーの芯が夏休みの工作の材料として当たり前に転売されている。本来、ソレはゴミであろう。また、あるときは、1万円札3枚が3万円以上の値段で落札されたこともあるという。さすがに現行紙幣の取引にはさまざまな問題があるので、現在では禁止されているようだが、それでも疑問は残る。

どうしてトイレットペーパーの芯はありなのに、1万円札の転売はなしとされたのか？　**買いたい人がいるから売る――この点ではどれも同じに思えるのに。**

ここで君たちに問いたいのは、転売という行為そのものの「善悪」ではない。むしろ、**転売ってどこまで可能なのか**、ということである。

転売がなければ社会は成り立たない、なのに禁止される転売がある。この**不思議な**

システムについて、今回のレッスンでは考えていこう。

なお、**その際の条件として「法」は考えないものとする。**法律というのは人間が定めるものであり、社会状況に応じても変わるものだ。「転売行為そのもの」を考えるときには、むしろ法的な判断は邪魔になる。

法律で禁止されていなかったとしても、ある転売行為をありと思えるかどうか。あるいはなしと思うかどうか。その直感を出発点にしていこう。

手はじめに、こんな問題を考えてみたい。

着古したジーンズを5倍の値段で転売した

大学生のルミは、ショッピング中にたまたま素敵なジーンズを見つけて、つい衝動買いしてしまった。値段はごくごく普通(1万円)だが、かなり個性的なデザインだったので、何度もはいているうちに、周りにも覚えられてしまった。

「ルミったら、またあのジーンズはいてるよ！」

そう言われているうちに、ルミも次第に愛着を失っていった。

そんなとき、ある雑誌で、ルミのはいていた個性的なジーンズが取り上げられて話題になった。そのジーンズは限定生産のために品薄で、今ではほとんど手に入らないそうだ。この雑誌を見た友人からも早速、「あのジーンズ、買ったときの値段でいいから譲ってよ！」と言われた。

「え〜、何回もはいちゃってボロボロなのに？　でも、もうはくこともないし、別にいっか……」――ルミがそう思っていたら、今度は弟に言われた。

「お姉ちゃん、ネットだったらもっと高く売れるんじゃない？」

それもそうかと思い、ルミはジーンズの写真をネットにアップし、出品してみた。そしたら、なんと！　買ったときの5倍の値が付いたではないか。

こうしてルミは、4万円のもうけを得ることができたのである。

ステップ1　転売、どこまでなら許せる？

ルミのジーンズを買った人が、どのような思惑でそれを購入したかは、もちろんわからない。たとえば、同年代の人が、自分で着たいと思って購入したかもしれないし、コレクターの目にとまったのかもしれない。女性が何度もはいたジーンズを所有したいという欲望を持った大人が、大枚《たいまい》をはたいた可能性もある。あるいは、このジーンズは5倍どころかもっと値が上がると思って購入した人が、それ以上の値段で売りに出すこともありえるだろう。

肝心なのは、**購入者の動機がなんであっても、それを販売したルミには関係がない、**ということだ。転売の結果、4万円もうけたという結果だけがここにはある。

この結果に対して、君はどんな感情を抱くだろうか。ルミの転売はアリだろうか、ナシだろうか。そう思った理由はなんだろうか。

これから、**「どこまでなら転売は許されるか」**という難しい問いを考えていくことになる。立場を決めたら先に進んでほしい。

ステップ
2-1 転売の歴史と資本主義の原理

転売という行為は、そもそもいつからあるのだろうか。

実は、転売は人類の交易の歴史とともにはじまったと言える。それは決して、インターネットが普及した現代特有の現象ではないのである。

「**安く仕入れて、高く売る**」というのが商売で儲けるための鉄則だが、これはまさに「転売」の発想であろう。高く仕入れて、安く売っていたら、あっという間に破産である。

こうした「転売」がより強力な社会を動かす原理となったのは、近代、具体的には**資本主義社会**が成立してからである。ドイツの哲学者にして経済学者でもある**マルクス**は、『**資本論**』の冒頭で次のように語っている。

資本制的生産様式が君臨する社会では、社会の富は「巨大な商品の集合体」の姿をとって現れ、ひとつひとつの商品はその富の要素形態として現われる。したがってわれわれの研究は商品の分析からはじまる。

（『資本論』マルクス・コレクションⅣ／今村仁司 他訳／筑摩書房）

さらっと読み流せばなんの変哲もない文章だが、ここで語られているのは「資本主義社会の秘密」である。つまり、こういうことだ。

資本主義社会では、すべてが「商品」となり、売買（転売）**可能なものになる。**

「資本主義」は、別名「自由主義経済」とも呼ばれる。日本に限らず、世界中いたるところで（数少ない例外を除いて）採用されている原理だ。この「自由」という言葉が意味するのは、まさに**「モノの売り買いの自由」**である。「転売」は、そのいちばんシンプルな形だと言っていい。**資本主義社会においては、仕入れたモノを仕入れ値よりも高く売る**（＝転売する）**ことで「利益」が生まれるわけだ。**

ここで重要なのは、**この時点では「転売」という行為のどこにも問題はない、**ということである。資本主義を前提とする社会において、転売とは自らの原理にかなった行為とさえ言える。資本主義社会では、チケットどころか、食べ物も、衣服も、住宅も、株式も、土地も、あらゆるものが「商品」として市場で転売されていくのだ。そこに利益が見込まれる限り――。

なのになぜ、ときに転売は否定、とまではいかなくとも、非難の対象になるのであろうか。その理由は、もしかすると**「価格設定」**にあるのかもしれない。

というのも、転売が問題になるのはたいていの場合、ある人物が価格を法外につり上げ**「不当な利益」**を得たときだからである。

たとえば、ジャニーズの「嵐」のコンサートチケットが、ある個人（またはあるグループ）に買い占められ、定価の10倍以上で売買されているとしたら、猛烈《もうれつ》な非難を浴びるはずだ。

でも、この行為の何が問題なのだろう？　安く仕入れて高く売り、その差額を利益として享受《きょうじゅ》することは、資本主義の原理からすれば当然だ。

ここで、資本主義社会において、**「そもそも価格はどうやって決まるのか」**について知っておこう。ここにはふたつの原則（タテマエ）がある。

その一。**価格は、売り手と買い手がともに自由な状況において、互いに合意することによって決定する。**つまり、身分の違いや、暴力による脅《おど》しなどによって、売り買いが左右されてはならない。これが資本主義の原則（タテマエ）だ。これを**「平等の原則」**と呼んでみよう。

その二。**価格は、需要と供給のバランスによって決まり、売り手も買い手もこれを無視することはできない。**つまり、売り手がある商品をどれだけ高く売りたいと思っても（供給）、ニーズがなければ（需要）、価格は自動的に抑えられていく。逆に、買い手がどれだけ安く買いたいと思っても、求める人の数が多ければ（需要）、売り手の値付けは勝手に上がっていくのだ（供給）。この市場のメカニズムは、売り手と買い手の思惑を超えている。これを**「市場の原則」**と呼ぶことにする。

この二原則を踏まえた上で、より大きな利益を出した者が、資本主義社会における〝勝者〟となれるのだ。では、この「平等の原則」と「市場の原則」に照らしながら、アイドルのコンサートチケット問題に戻ってみよう。

もし、君が人気アイドルのコンサートチケットをどうしても手に入れたくて、転売サイトを見たとする。当然、彼らには需要があるので、正規の値段よりもはるかに高い価格設定がなされる。これが、人気のないアイドルのコンサートであれば、価格はもっと安いだろうし、むしろ売れ残るかもしれない。その場合は、正規の価格どころか、売りさばくためにディスカウントされる可能性さえある（売れ残りを防ぐために、ギリギリまで価格を下げなければならなくなる）。

このように、「市場の原則」に従って価格が決まり、高く売りたい出品者と、高くても買いたいという購入者が、自由意思に従い、同意の上で購入ボタンを押す（「平等の原則」）。

どうだろう。**これぞまさに、資本主義の原則にのっとった取引とは言えないか？** 冒頭の事例「ルミの転売」も構造自体はまったく同じである。**転売だからなし、とは言えない。**まず、この現実を押さえておこう。

ステップ2-2 「商品」という概念——自分さえも売れる？

あらゆるものが「商品」として転売されていく——。

この資本主義の原理と、それを支える二原則は非常に強力だ。

しかし、**マルクスが画期的だったのは、「商品」のカテゴリーに「労働力」まで含めて論じた点にある。**「労働力」が「商品」とはどういうことか？

実はマルクスの時代、「資本主義社会ではすべてが商品となる」といったところで、**多くの人は売れる商品を所有していなかったのである。**だからこそ、自らの働く能力、すなわち「労働力」を商品として売り出し、それを必要とする人に買ってもらおうとした。資本主義社会においては、**「自分のカラダ」までが商品となりうるのである**（もちろん、今も昔も社会には「格差」が存在し、それが労働者の搾取《さくしゅ》につながってきた。「平等の原則」は、ときにそのタテマエとして利用されてきたのである）。

以前は、「労働力」といえば肉体を使った単純労働が多かったが、今では、無形のサービスを提供したり、特殊技能や専門知識を提供したりすることで「対価」を得るような仕事も増えている。ただ、工場の作業員であれ、アパレルショップの店員であれ、学校の教師であれ、IT企業のプログラマーであれ、病院の医者であれ、自分のカラダを使ってお金を稼いでいることに変わりはない。

興味深いのは、これらの労働力商品に、報酬《ほうしゅう》の差が生じていることである。しかし、これも「市場の原則」で理由はつく。つまり、**「労働力」もまた商品である限り、需要と供給のメカニズムからは逃れられないのだ。**

供給が少なく、付加価値の高い労働力であればあるほど、需要は増えるし、逆に、誰にでもできる代替可能な労働力であればあるほど、供給過多になる。学生のアルバイトと、資格・知識・技術が求められる医者の仕事とでは、**商品としての「価値」がまるで違うのである。**

なんともシビアな話だが、このメカニズムがわかると、学生が偏差値の高い学校に行こうとしたり、資格などを身に付けようとしたりする理由がわかるだろう。結局のところ、すべては**「自分の商品価値」**を高めるための行為なのである。

では、同じカラダを使った労働で、少し議論を呼びそうな設定を考えてみよう。

パパ活はあり？　なし？

大学生になって成人式を迎えたユリには、いろいろやりたいことがあった。海外旅行にも行きたいし、流行の服も買いたい。将来のことを考えて、英会話の学校にも通いたい。大学のサークルやゼミの付き合いもしたい。そのためには、何かとお金が必要だ。

しかし、親からの仕送りは限られているし、コンビニや居酒屋で長時間アルバイトしても、満足のいく給料はもらえない。そんなとき、バイトの友だちからいい話を教えてもらった。

「パパ活が、けっこういい小遣い稼ぎになるよ！」

友だちによれば、金持ちのおじさんとデートしたり食事に行ったりするだけで、お小遣いがもらえる。もちろん、肉体関係を持つ必要はないし、しっかりした相手を選べば安全だ。実入りもいい、という。

それを聞いてユリは思った。ちょっと危ない気もするけど、やばくなったらそのときは逃げればいい。バイトをいくつもかけもちして時間を削られるくらいなら、パパ活で稼ぐのが効率的かもしれないな……。

コンビニのバイトで、1日3時間働いたときの給料が3000円だとしよう。それに対して、パパ活では3時間デートするだけで3万円もらえるとする。それどころか、うまくいけばおいしい食事をおごってもらったり、流行の服を買ってもらえたりするかもしれない。拘束《こうそく》時間は同じで、時給は10倍。完全においしい話だ。

ユリは、資本主義の原理にもとづき、自分という商品を最大限に利用し、最大限の利益を得ようとしている。君は、彼女のパパ活についてどう思うだろうか？　すんなり納得できるだろうか？

次のステップでは、別の角度から転売について考えてみよう。

ステップ

3 他人に迷惑をかけないなら、あり？

まず、**「パパ活」そのものは、資本主義の原則に照らせば何も問題ではない。**

一般的に価値があるとされる「若さ」という労働力商品を売ることで、ユリは対価を得るわけだ。「若い女性とのデート」というサービスに高いお金を払ってもいいという人（パパ）がいて、それに見合った対価であれば売ってもいいという人（ユリ）がいる。この構造は、家庭教師のアルバイトでも、社長秘書の仕事でも変わらない。とすれば、「パパ活」という転売行為を社会的に禁止することは、本来ならできない（ちなみに、現実のパパ活には明確な定義がなく、法に触れるものもあれば触れないものもある。まさにグレーな行為であり、もちろんリスクも大きい）。

そもそも、ある行為が社会的に「禁止」されるのは、どういうときだろうか？

それは、**他人に危害を及ぼす場合である。**たとえば、他人に対する暴力や窃盗《せっとう》・強盗は、誰でも禁止すべきだと考えるだろう。それらが禁止されていなかったら、私たちは不安で日常生活を送れない。

これは、**「他者危害禁止の法則」**と呼ばれている。もともとは、イギリスの哲学者、**ミルが『自由論』の中で定式化した考えだが、端的に言えば「他人に迷惑をかけなければ、何をしても自由だ」ということである。**

興味深いのは、この理屈を、かつて「コギャル」と呼ばれた少女たちが（今の若い君たちにはピンとこない言葉かもしれない）、「援助交際」の正当化のために使ったことだ。こんな具合である。

コギャル　自分のカラダをどう使おうと、私の自由でしょ。私が「援助交際」したとしても、誰にも迷惑はかからないよ。相手だって喜んでくれるし、私もお金をもらえて満足してる。だから、外野が私の行為に対してとやかく言うのはやめてほしい。

もちろん、ミルが「他者危害禁止の法則」を語ったとき、それを子どものための論理としては考えていなかった。そのことは別にしても、**このような形で「援助交際」

を擁護されたとき、はたして君は明確に反論することができるだろうか？

実は、当時のメディアで「援助交際」が話題になったとき、コギャルたちの理屈に対し、評論家を含めた世の大人たちは明確な根拠をもって反論できなかった。せいぜい、**「ダメなものはダメ！」**と言って、根拠なき禁止を課そうとしただけである。

ハッキリ言うと、こうした大人の態度は、**「独断的中断」**といって、間違った論証の仕方である。これでは議論にならない。ドイツの哲学者、**ハンス・アルバートは、「ほら吹き男爵《だんしゃく》（ミュンヒハウゼン）のトリレンマ」として、3つの誤った論証法について語っている**（「独断的中断」とはその誤りのひとつである）。

たとえば、大人たちが「援助交際は君のためにならない！」と言ったところで、コギャルに「なぜなの？　その根拠は？」と言い返されたら、究極的には「ダメな理由」など見つからない。**それどころか、無限に「その根拠は？」と問えてしまう。つまり、どこかの時点で、独断的に「ダメだからダメ」と決めるしかないのである。**

その点、コギャルの理屈は強い。少なくとも、資本主義の原理に沿っている。彼女たちは他の労働者と同じく、需要があるから、自らの労働力を供給しているだけだ（そのため、欧米などには「セックス・ワーカー」という表現もある）。

「ミュンヒハウゼンのトリレンマ」

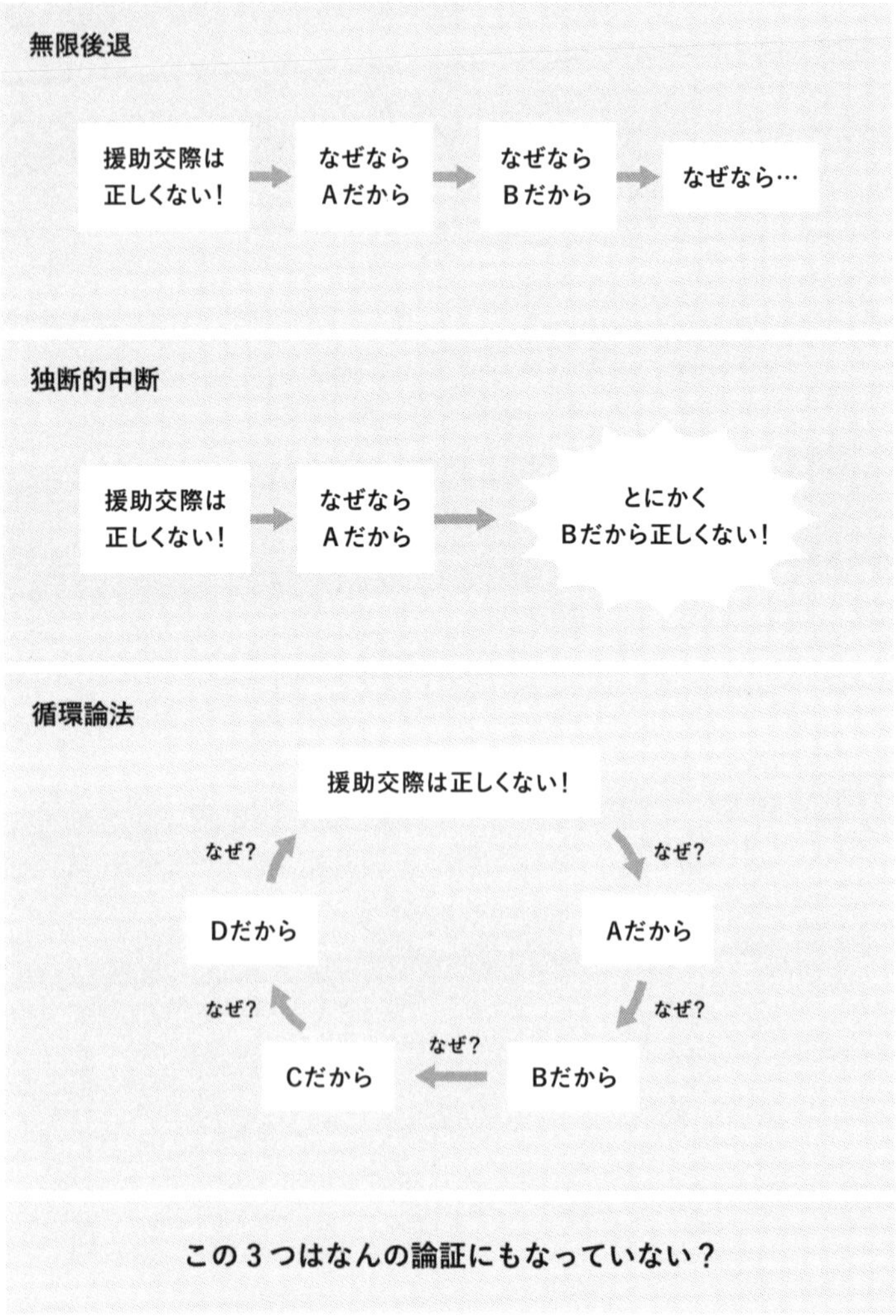

もし、彼女たちが、古代や中世のころの奴隷のように、他人から強制されて無理やりその労働をしているのだとすれば、明らかに問題である（そしてそういう場合も現実にある）。しかし、それは性的サービスそのものが悪いからではない。それが、他人から強制された労働、つまり「**平等の原則**」**に反した取引**だから問題なのである。

これはとても重要なポイントだ。

私たちは、資本主義社会で生きる限り、自分の意思で「援助交際」や「パパ活」をする人に、いかなる根拠をもっても反論できないのである。

ステップ4 禁止は最終結論なのか？

さて、こう考えてみると、「転売」という行為の何が問題なのか、ほんとうによくわからなくなってくる。転売、つまり商品の売買は、この資本主義社会を構成する基本的な原理なのだから。

この原理に対しては、「ある人が不当な利益を得てしまうからダメなのだ」という反論も効果を持たないことも確認した。なぜなら、そもそもその価格が不当かどうかは、誰にも決められないし、価格が正当かどうかも同様だ。**結局、価格は人の思惑を超えて、「市場の原則」によって決まっていくのみである。**そうでなければ、初セリでマグロ一匹に億単位の値が付くことを、どう説明したらいいのかわからない。

あるいは、お金を取ることをやめれば問題はなくなるのだろうか。

たとえば、チケットを転売するのではなく、誰かに無償で提供すれば、禁止されることもなくなるかもしれない。パパ活や援助交際も、対価を与えることも受け取ることもしなければ、非難などされないかもしれない。**しかし、いったい誰が、無償で高価なチケットを分け与え、無償で見知らぬパパとデートしたいと思うのだろう。**

とすれば、「転売」に対して、**金銭の授受を理由に非難することはナンセンスである。**たしかに、お金を発生させなければ、チケット転売もパパ活も援助交際も、うまみがないのでなくなりはするかもしれないが、**それは問題の「解決」というより「先延ばし」でしかないだろう。**根本的な問い、つまり「なぜ、ある特定の転売行為によって、お金を得てはいけないのか」は、ハッキリしないままだからだ。

最後に、**臓器提供の問題**を考えてみよう。臓器は「転売」が禁止されており、基本的には無償で提供されるものだ。

現在、日本では、臓器を必要とする人に対して、臓器提供者の数が恒常的に不足している。２００９年に臓器移植法が改正され、提供者をなんとか増やそうとしているものの、状況は芳《かんば》しくない。おそらく、その理由は、臓器移植の原則にあるように思われる。

原則は大きくふたつある。ひとつは、**「自己決定の原則」**。これは、各人が自由な意思にもとづいて提供することを求める。もうひとつは、**「無償性の原則」**。これは、臓器はタダで提供しなければならないというルールである。

要するに、臓器提供とは、**自分の臓器を無償で他人に提供しようと「自己決定」した人によって支えられる仕組みなのだ。**

これを聞いて、君はどう思うだろうか。この二原則に従う限り、この先も、臓器提供者はあまり増えそうにない、と感じたのではないだろうか。だとすれば、どのように臓器の提供数を増やせるだろうか。

ひとつは、脳死者からいわば義務的に臓器を取り出すことである。もうひとつは、提供の見返りとして、提供者の家族などに謝礼を支払うことである。**前者は強制的な**

臓器摘出、後者は本人、あるいは家族の意思にもとづく臓器の「商品化」と言える。

いずれかの方法をとらない限り、臓器移植は不足状態が続くと思うのだが、どうか。

もちろん、「強制化」には心理的な反発が伴うだろうし、人権や自由意志の問題にも関わってくるだろう。「商品化」の道を進む場合は、富裕層にしか臓器が提供されなくなるかもしれないという格差や不平等の問題、また臓器売買などへの対策が求められる（なお海外では、臓器売買合法化論が真剣に議論されている）。

「無償」という言葉は美しいが、現実的には無力である。資本主義社会を生きていく限り、私たちは「転売の原理は否定できない」ことを認めなくてはならない。

しかし、転売は、たしかに不当に思える利益を生み出すし、過剰な富の偏りや搾取を招くことがある。**自由な取引と競争を前提とする資本主義は、そのメカニズム上「格差」を生むことを避けられず、しかも、自分自身ではその問題を解決することができない**（だから社会保障の仕組みが設計されているのだ）。

それでも資本主義のルールで突き進むのか、なんらかのルールを追加することで歯止めをきかせるのか――。ほんとうに問われているのは、コレなのだ。

レッスン7

「転売」を考える
どこまで売り物にできるのか？

コラム

7 「資本主義」の大きな宿題

「資本主義」の原動力は、商品売買を中心とした経済活動である。だからこそ、自由な市場と平等の原則が欠かせない。しかし、**「自由主義経済」とも呼ばれるこのシステムは、人々の欲望を抑制せず、むしろ煽り立て、肥大化させる。**欲しいものを手に入れたい、金儲けがしたい――これが資本主義のマインドであり、社会はそれを妨げてはならないのだ。

だが当然、このシステムをそのまま放置すれば、結果として**「不平等」**が生み出される。**人間が生まれ持った能力や環境には違いがあるからだ。**それぞれが生まれた地点から平等にスタート（競争）したとしても、それはそのまま**「格差」**につながる。しかも、その格差は何代にもわたって**「蓄積」**される。恵まれた人はより有利な地点からスタートできるので、社会的な成功を収めやすいし、恵まれない人はスタートの地点からして不利であり、ハンディも負いやすい。つまり、**「資本主義」が何物にも抑制されず、純粋な形態を取ろうとするほどに、富める人と貧しき人の「格差」は拡大するのである。**

この格差の拡大を、福祉主義的な政策によって是正しようとするのが、政治理論としての**「リベラリズム」**である。直訳すると「自由主義」となるのがちょっとややこしいのだが、アメリカで発展したリベラリズムは、自由主義経済が生む**「格差の是正」**を目指している。そして、その代表的な政治哲学者の**ジョン・ロール**

ズは**『正義論』**の中で**「格差原理」**なるものを提唱し、最も恵まれない人々の視点から社会を形成すべきである、と主張した。

何年か前には、フランスの経済学者、**トマ・ピケティ**の『21世紀の資本』が出版され、世界的なベストセラーにもなった。同書は、20世紀後半に発展した資本主義がなぜ格差を拡大させるのかをシンプルな数式によって明快に描き出した。彼はその中で、格差への対抗策として**世界的な累進《るいしん》課税**を提唱している（もちろん大きな賛否があった）。この本が日本でブームになったのは、多くの人が格差の拡大を身に染みて感じていたからだろう。

このように、資本主義をめぐる今日の議論の関心は、格差問題に集中している。**「格差」は資本主義が生み出す必然の結果であるが、それをどう解消していけばいいのかはいまだに決着がつかない。**格差そのものを否定すれば、資本主義とは異なる社会像を構想しなくてはならないのだが、共産主義の崩壊以降、新しいビジョンもほとんど語られていない。適度な格差は、適切な競争を生む。しかし、度が過ぎれば人が苦しむ。君は、この「格差問題」をどのように考えるだろうか？

参考図書

ジョン・スチュアート・ミル『自由論』（光文社古典新訳文庫）
「自由」の問題を考える上で避けては通れない古典。間違いなく最初に読むべき一冊である。

マルクス『賃労働と資本／賃金・価格・利潤』（光文社古典新訳文庫）
マルクス哲学について知っておきたいけど、『資本論』は大変そう……と思う人には、この小さな本をオススメしたい。

レッスン
8 「仕事」を考える

働かない生活はありか？

「将来、君はどんな仕事がしたい？」

こう聞かれたら、どう答えるだろうか。親の教育方針がスパルタで、医者を目指すことがあらかじめ決められているような人でない限り、まだ明確なイメージは持てないかもしれない。何より、具体的な職業以前に、もっと素朴な疑問があるだろう。

「そもそも、どうして働かなくてはならないの？」

世間の常識では、学校を卒業したら仕事をするのは当然だと思われている。「**働かざる者食うべからず**」なんて金言が昔からあるくらいだ。

しかし、この金言の真偽は怪しい。もし働かなくても食べていけるような状況だったら、わざわざ働く必要などないではないか。とすると、この金言には次のような隠された前提があるように思われる。

「この社会では基本、働かなければ食べていけないので、働かざる者食うべからず」

逆に、次のようにも言えるだろう。

「働かなくても食べていけるほどラッキーならば、好んで働く必要はない」

もちろん、こんなことを正面切って言えば、「怠け者め！」と社会的に非難されかねない。**しかし、「怠けること」はそんなに悪いことだろうか**（そういえば、生活保護受給者がバッシングされるときによくこの言葉が使われるが、親から莫大な資産を相続して、もう働く必要がない人に対して使われることがないのはなぜだろう）。

どうも私たちの頭には、「怠けること」よりも「働くこと」を称賛する「労働倫理」がこびりついているように思われる。だから、「働くこと」の意義を否定するような考えを表明しようものなら、とことん説教されてしまうのだ。「考えが甘い！そんなんじゃ社会に出たらやっていけないぞ！」というように。

しかし、「**働くこと**」**は**「**苦役**」**であり、できることならしないほうがいい**、という考えは古くからある。たとえば、『旧約聖書』に収められた「**失楽園**」の話。それを読むと「**労働**」の意味がよくわかる。それによると、人間（アダムとイブ）は最初、

「楽園」で生活し、働かなくても生きていくことができた。ところが、神様の定めた掟《おきて》を破ったがために、楽園から追放され、「額《ひたい》に汗して働く」ハメになったのである。つまり、**「労働」は人間に与えられた「罰」であり、そもそも望ましいものではない。**「いやいやながらする」ものなのだ。

だとすれば、「君はどんな仕事をしたい？」と聞かれたところで、**わざわざ「したい仕事」などあるはずがないだろう。**これは、「ムチで永遠に打たれる罰と灼熱《しゃくねつ》の炎で焼かれる罰、どちらがいい？」と聞かれるようなものだ。

それなのに、私たちは社会に出たら働くことを当然のように思っている。最後のレッスンでは、**この「労働倫理」をイチから疑ってみたい。**

今回の問題を考えるにあたっては、ピッタリな話がある。知らない人はおそらくいないだろう。『イソップ物語』の「**アリとキリギリス**」の寓話《ぐうわ》だ（実はこの話、もともとの設定は「セミとアリ」であるが、話のスジそのものは変わらない）。

アリとキリギリス

アリとキリギリスは、夏のあいだにそれぞれ違った行動をとる。

一方のアリは、冬の食料を蓄えるために、夏のあいだにせっせと働く。他方のキリギリスは、冬のことを考えず、バイオリンを弾いたり、歌ったりしながら楽しく暮らしている。

やがて冬が来た。キリギリスは食べ物を探すが、見つけることができない。そこでアリに頼んで、食べ物を分けてもらおうとする。それに対して、アリは次のように答えた。

「君は夏のあいだ歌っていたんだから、冬には踊ったらどうだい？」

ステップ1 働くアリか、働かないキリギリスか？

ちょっと説教臭く思えるかもしれないが、実を言うと、「アリとキリギリス」の寓話には結末がふたつある。ひとつは、アリが食べ物を分け与えず、キリギリスが餓死《がし》するという結末。もうひとつは、アリがキリギリスに食べ物を分けて、キリギリスも生き延びるという結末だ。

君はどちらの結末に納得するだろうか？

アリとキリギリス、どちらの生き方を望ましいと思うだろうか？

いずれの結末にしろ、「アリとキリギリス」の寓話が持ち出されるときはたいてい、「将来のためにコツコツと真面目に働くアリ」こそが暗に理想の姿とされている。**だが、アリのような生き方が、今後も通用するかどうかは怪しい。**私たちは改めて、「働くこと」の本質について考えなければならない。

ステップ
2-1 「働く」を因数分解する——仕事と労働

私たちが悩むのは、おそらく、「自分のしたいこと」と「自分のしている仕事」が一致しないときである。だから、うらやましいのはやっぱり、キリギリス的生活であるし、本音を言えば、好きに歌って踊りながら、食料がちゃっかり手に入ることではないだろうか。こういう状態においてこそ、私たちは労働という「苦役」から解放されると言えそうだ。

そもそも「働く」といったとき、その内実は「仕事（work）」と「労働（labor）」に分けられる。**一方の「仕事」は「自分のしたいこと」の実現であり、他方の「労働」は他者や社会状況から強制される「苦役」である。**

たとえば、「役者の仕事」がしたいので、劇団で活動しているアヤという女性がいるとする。役者の仕事だけで暮らしていける人は、ごく一部である。役者志望のアヤもそうだ。**「自分のしたいこと」だけでは稼げない。**

このとき、アヤにはふたつの道がある。

ひとつは、役者の夢を諦め、稼げる他の職業を見つけることである。ただしこれは「自分のしたいこと」をあきらめ、「苦役」としての労働に徹することになるかもしれない（もちろん、その先で新たなやりがいを見つけることもあるだろうが）。

もうひとつは、夢を捨てずに役者の活動を続けることであるが、これだと生活費を稼げない。そのため、役者の仕事で十分に稼げるようになるまでは、バイトなどで生計を立てる必要がある。このバイトは、もちろん「自分のしたいこと」ではなく、生活のためにするものだから「苦役」のように感じられるかもしれない。これもまた「労働」だ。**役者を目指す限り、アヤは「仕事」と「労働」を両立させなければなら**

ない。

後者の道を選ぶ場合、悩ましいのは、アヤがどこまで、あるいはいつまで「労働」を続けなくてはならないのか（役者として稼げるようになるか）が、まったく予測できないことである。**確定された将来などないので、仕事上の成功は、本人の能力や努力だけでなく、周りの環境や運にも左右される。**ひょっとしたら、アヤは一生役者だけでは生活できないかもしれない。

そして、**歴史を見れば、この手の悩みは偉大な哲学者たちも経験している。**

たとえば、ドイツを代表する哲学者、**ヘーゲル**を例にしてみよう。彼は若いころに、家庭教師のアルバイトをしながら生活をしのいでいた。するとある日、運よく親の遺産が彼のもとに転がり込んできた。ヘーゲルはすぐさまアルバイト（労働）をやめて研究（仕事）に専念する。最初は大学からの給料はなく、受講生からわずかばかりの聴講料をもらうだけだったが（路上ライブみたいなものだ）、やがて正式な教授職に就いて大学から給料をもらえるようになった。**もし、親の遺産が手に入らなかったら、ヘーゲルは望まない労働を細々と続けなくてはならなかっただろうし、古典となるような著作を残すこともなかったかもしれない。**

とすれば、**「自分のしたいこと」を追い求めるのは、本質的には、ひとつの「ギャンブル」である。**うまくいけば賭けた甲斐《かい》もあるが、うまくいかずに稼ぎがないままなら、虚しさしか残らない。こんなことなら、もっと地道に働けばよかった――と。

こう考えると、**「自分のしたいこと」を強く持っているほうが、むしろ不幸な結果につながりやすいのかもしれない。**「したいこと」が何もなければ、アリのように地道な労働に励めばいい。それで生活は成り立つのだから。「したいこと」にこだわり続けたら、キリギリスのように失敗（＝餓死）しかねないのだから。

「私は絶対にこの職業に就きたい」というように、**明確な目標があることは一見いいことだとされているが、必ずしもそうとは言えないのである。**

ステップ

2-2 理想の職業とは？

では、そのような「仕事」に対するこだわりを捨てたとき、私たちにとって「苦役」でもない**「理想の職業」**として、どのようなものが考えられるだろうか。

条件として最初に思いつくのは、**「楽して稼げる」**であろう。この反対が、俗にいう**〝3K〟**である。つまり、「きつい」「きたない」「苦しい」職業のこと。最近では、これに「給料が安い」「休暇が少ない」「カッコ悪い」が加わり**〝6K〟**とも言われているそうだ。こうした条件を見るだけでも、多くの人が避けたいと思うのも納得できる。

しかし、そもそも、楽して稼げるような職業など存在するのだろうか。もし、そんな職業があるとしたら、おそらく多くの人が殺到し、競争率は高くなる。**限られた席の取り合いとなれば、よほどの才能や強運がない限り、そういう職には就けない。**何より、「楽して稼げる職」に就くためには、周到な準備と圧倒的な努力が必要だ。**その時点ですでに「楽」ではない。**ひとことで言えば、そんなにうまい話は、どこにもないのである（逆に、「楽して稼げる」を謳い文句にして、バカな人を陥れようとする輩《やから》までいるので、この文句を聞いたら用心したほうがいいだろう）。

では、別の条件はないのだろうか。ここで、社会学者の**ジグムント・バウマン**に登場してもらおう。彼は、現代において「評価される仕事」と「忌避《きひ》される仕事」の違いについて、次のように述べている。

第一のカテゴリーの仕事は「面白く」、第二のカテゴリーは「退屈」である。（…）仕事は「面白い」、つまり、変化に富んでいて、冒険の余地があり、何らかのリスク（過剰ではない）を含んでおり、経験したことのない感覚を味わうチャンスをもたらすものでなければならない。［逆に］単調で、繰り返しが多くてルーティンで、冒険がなく、何のイニシアティヴももたらさず、思考への挑戦も約束せず、自己検証や自己主張の機会もない仕事は「退屈である」。

（『新しい貧困』／伊藤茂 訳／青土社、角括弧内は筆者が補足）

「面白い」と「退屈」——このふたつのカテゴリーを見て何か気づかないだろか。この見立ては、「アリとキリギリス」の対立構造にソックリである、と同時に、与えられた評価がまったく違っている。

これまでの勤勉さを礼賛する「労働倫理」においては、アリのように、将来のために真面目に働くほうが評価され、キリギリスのように、その場限りの遊びにふけることは非難の対象とされてきた。ところが、**バウマンからすれば、アリのような働き方は「退屈」であり、キリギリスこそが「面白い」。つまり、私たちの「理想の働き方」とさえ言えるのだ。**

たしかに、キリギリスは将来を考えない。その人生は変化に富んでおり、冒険的だろう。歌や音楽の才能が認められれば一発逆転だってありえる。収入もつつましいアリと比べたらケタ違いに高額になるかもしれない。

しかし、当然ながらこういう「面白い職業」には夢見る人が殺到する。最近であれば、「ユーチューバー」をイメージしたらいいかもしれない。「ユーチューバー」として稼ぐことができるのは、ごく少数の「**スター**」だけである。だからこそ、その他大勢の人たちは、スターを賞賛し、崇拝し、憧れる。バウマンはこのことを「**スター教**」と呼んだ。

ユーチューバーにしても、芸能人にしても、スポーツ選手にしても、それらは憧れの職業とされているが、**彼らは一握りの「スター教の聖人」である。**スター教に入信することはできても、誰もが聖人にはなれない。こうして多くの信者は、夢を見ながら「退屈」な仕事に従事することになる。

こう考えると、**「楽して稼げる」も「面白い」も、理想の条件ではあるものの、あくまで「理想」にとどまる。**少数のスターだけがキラキラと輝きながら働き、それ以外の凡人は「楽でもなく」「退屈な仕事」をする他ないのだ。

私たちは、そう簡単に「労働という苦役」から逃れられないという現実を、まず認めなくてはならない。

ステップ3 AIが、私たちを労働から解放する？

しかし、現代において、私たちをとりまく状況は変わりつつある。**遠くない未来に、AI**（人工知能）**とロボットが、私たちの「苦役」を引き受ける可能性が出てきたからだ。**もしかしたら、凡人であっても、6K（きつい、きたない、苦しい、給料が安い、休暇が少ない、カッコ悪い）や2T（単調、退屈）の職業に従事する必要はなくなるかもしれない。

実際に、多くの企業でAIやロボットが導入され、これまで人間が行なってきた労働の肩代わりをしはじめている。工場では無人化が進み、AIによって生産も自動制御されはじめている。銀行でも、従業員が一人もいなくとも、ATMは営業されている。自動運転車の改良も進み、タクシーもトラック運送も、やがてドライバーが不要になるだろう。アメリカなどではすでにそうした社会実験が繰り返されている。

そのため、研究者の中には、**従業員の75％がAIやロボットに置き換わる**、と予測する人もいる。もし、この予測が当たるとしたら、私たちの社会は今後どのように変わっていくのだろうか。こんな思考実験をしてみよう。

働く人がほとんどいなくなった社会

X年後の日本。生産、流通、消費といった経済活動の大半の部門で、AIやロボットが導入され、人間の従業員はほとんど不要になった。これまで働いていた人々は解雇され、失業することになる。統計によれば、労働者の75％が失業者となったという。しかし、彼らは仕事こそないものの、政府による保障があるので、衣食住には困らない。

人間は、ついに6Kや2Tの苦役から解放されたのである。

考えてみてほしい。

これは、私たちにとって望ましい社会と言えるだろうか。

まず、一方の立場として、**6Kや2Tと言われたような労働を人間がしなくて済むようになったことを、「朗報」と見なすことは可能だろう。**

たとえば、洗濯機がなかったころは、洗濯板で手洗いするのは重労働だった。時間だってかかったし、冬場には手も痛んだ。ところが、洗濯機が開発され、さらには全自動にまでなったことで、その労働はボタンひとつで完結するようになった。こう考えると、AIやロボットの進展は、たしかに人間を重労働から解放し、安楽な生活を保障したかのように思える。

しかし、もう一方の立場として、**AIやロボットが人間から仕事を「奪った」と見ることも可能であろう。**つまり、75%の人々が現実に職を失うわけである。彼らは日々、政府から与えられた給付で日常生活を営むだけだ。給付の範囲であれば何をしても自由とはいえ、彼らが「仕事」や「労働」に就く機会はおそらくもうない。

ちなみに、残りの25%の人は、高度に知的な職業に就くか、スター性のある仕事に取り組むか、AIやロボットの世話役として管理業務に励むか、であろう（だが、前者ふたつは才能ある一部の者にしか用意されていないだろうし、後者はある種、単純労働と変わりない）。

こう考えると、**AIやロボットの導入は両刃《もろは》の剣《つるぎ》である。**それが人間にとって「幸福」をもたらすのかどうかは、いまだハッキリしないのだ。

私たちは最初、「働かない生活」の是非について考えていた。イソップのアリのように生きるか、キリギリスのように生きるか、どちらがいいかと考えた。この時点ではまだ、どちらを取るか選択の余地があった。

しかし、こんなにもノンキな問いはないだろう。なぜなら、私たちはキリギリスのように楽して面白く生きるどころか、アリのようにつつましく労働に励むことすらできなくなるのかもしれないのだから。

「働く」という概念がなくなるかもしれない世界で、君はどう生きたいか？

コレこそが、真の問題なのである。

ステップ4 働く必要がなくなったとき、君たちはどう生きるか

人類は歴史上、人生の大半を望まない「労働」（苦役）に費やしてきた。ところが現代、ＡＩやロボットの誕生によって、人間はその苦役から解放されるかもしれなくなった。ＡＩやロボットが代わりをしてくれるのだから、もはや私たちが働く必要はないのである。

だとすれば、人間はこの先、いったい何をしたらいいのだろうか？

そのヒントは、歴史の中で見つかるかもしれない。

たとえば、古代ギリシアの時代には、労働は「奴隷」が行い、「自由人」である市民は政治や学芸に励んでいた（なお、哲学者のアーレントはこれらを「労働」や「仕事」と区別して「活動」と呼んだ）。**ギリシアで「哲学」が発展し、プラトンやアリストテレスが「哲学者」になれたのは、彼らの代わりに労働に従事する「奴隷」がいたからである。**哲学するには時間がかかる。悪く言えば、「暇人」にしかできない営みだったのである。

現代の状況は、このギリシア時代と類比的に考えることができるのではないか。**ただし、今日「奴隷」となるのはAIやロボットである。**「自由人」としての人間は、彼らの労働によって生活が保障されるのだ。

では、労働しなくてもよくなった現代人は、古代ギリシアのように政治や学芸に励むようになるのだろうか？

たしかに、一部の人間は政治や学芸などに携わるだろう。だが、そういう人たちは、「労働」がなくなる以前から、富の蓄積や文化的な資本があるために、「時間」の有意義な使い方をそもそも知っている。**与えられた自由を楽しめるのもまた才能なのだ。**これが可能であることを**「自由人化」**と呼んでおこう。

そして、正直なところ、すべての人間が同じように文化的な活動に励むとは思えない。もちろん、単純化はできないのだが、これまで苦役としての「労働」に従事していた人たちは、それを奪われ自由な時間を与えられたときに、その時間を有意義に使う術を知らないことが多いのではないか。

戦後フランスの哲学者、**コジェーヴは、「歴史の終わり」という概念を生み出した。**そして、「主人と奴隷」という人間同士の対立（彼はこの対立によって突き動かされるものを

「歴史」と呼んだ）が決着したあとでは、人間は「**動物化する**」と考えた。つまり、**人間は「動物」と同じように考えること**（**＝理性**）**を放棄して、最低限の「欲求」を充足することで満足するだけになるのだ**、と。この見立てはとてもシンプルだが、それゆえにゾッとする。

そして、このコジェーヴのアイデアを「現代の歴史的状況」として読み換えたのが、アメリカの政治学者、**フランシス・フクヤマ**である。彼は、ベルリンの壁の崩壊以来、多くの共産主義国がつぎつぎと資本主義化されていくのを見て、歴史の中で、もはや社会的・思想的な対立の時代は終わったと考えた。**つまり、世界は資本主義一色となり、それ以上の歴史的変化は起こらない**（**＝歴史の終わり**）**――これがフクヤマの見立てである。**

コジェーヴとフクヤマの考えに従うのであれば、資本主義一色に染め上げられた現代はすでに「歴史の終わり」に達していて、人間たちは「動物化」する一方だ。さらに、今やAIやロボットが社会に本格的に導入されはじめており、人間の労働を肩代わりしはじめている。

このとき、人間はふたつの方向に分裂していくだろう。

ひとつは、政治や学芸など創造的な活動に携わり、理性を働かせ続ける**「自由人化する人」**。ひとつは、自分の欲求を満足させることだけを求め、理性を放棄する**「動物化する人」**である。

今、私たちは「自由人化」と「動物化」の分岐点に立っている。

君がどちらの道を選ぶかは、君自身の決断による。

しかし、ひとつだけ言えることがあるとすれば、こうだ。

「自由人」を目指すのであれば、君は「考え抜く力」を身につけなければならない。

レッスン8

「仕事」を考える

働かない生活はありか？

コラム

8 「ベーシック・インカム」の思想

ＡＩやロボットが、これまで人間が行ってきた労働を肩代わりするようになったとき、多くの人が職を失うことになる。実際に、どの程度の人が職を失うかの予測は参照するレポートによるのだが、50％から80％までと幅が広い。いずれにせよ恐ろしい数字だ。**社会の大半が失業し、生活手段を失うのだから、AI導入は人間にとって脅威である**——そんな悲観論もしばしば聞こえてくる。

この来《きた》る状況への対策としてよく耳にするのが、**「ベーシック・インカム（BI）」**の議論である。これは、簡単に言えば、「**国が、すべての人に無条件で、一定額の現金を定期的に支給する制度**」（社会構想）のことだ。ポイントは、「すべての人に無条件で」という点にある。従来型の社会保障の場合、所得の違いによって支給されたり支給されなかったりすることがある。収入が多ければ支給されないし、収入が低ければ生活保護費などの給付がある。これに対して、ＢＩは収入の差どころか、無差別平等に支給されるのである。

ＢＩの根本には、**すべての人に生きていけるだけの最低限度のお金を支給し、あとの生き方は各人の自由に任せる**、という発想がある。したがって、ＢＩで現金を支給されたとしても、より一層の金儲けに励む人もいるだろうし、逆に、最低限のお金で日々の生活を送る人もいるだろう。タバコ、酒、ギャンブル、ネトゲ……

お金の使い道は完全に自由。**政府は配るものを配るだけで、個人に干渉することもない。**これが原則である。福祉的な発想であると同時に、自己責任の発想もはらんだ、実に複雑な問題と言えよう。

実は、働かなくても生活費が支給されるという制度自体は、19世紀ごろにはすでに提唱されていた。現代でも、BIを実験的に導入しようとする国がいくつか出てきている。財源の問題はあるものの、もしAIの導入によって社会的な生産力が拡大するのだとすれば、それは大きな問題ではないかもしれない。むしろ問題は、働かなくても生活できるようなシステムを、私たちが選択するかどうかにある。**BIは経済の問題であると同時に、人間観の問題なのだ。**なんとも哲学的な問いではないか。

さて、君はどう考える？

参考図書

バートランド・ラッセル『怠惰への讃歌』（平凡社ライブラリー）

数学者であり、哲学者でもあるラッセルが、100年近く前に「働かなくてもいい」ということについて、極めて論理的に説明した一冊。ただし、彼の時代には「怠惰」といっても4時間ほどは働くのだが……。

ヘルベルト・マルクーゼ『ユートピアの終焉』（中公クラシックス）

1960年代は、世界的に学生たちの異議申し立て運動が行われていた時代だ。マルクーゼはそのとき、「労働」そのものを「遊び」へと転換しようと呼びかけ、若者たちから熱狂的な支持を得た。

おわりに

まずは、ここまでお疲れさまでした。

ピンとくる議論もあれば、イマイチしっくりこなかった議論もあったかもしれない。

しかし、君たちは最後まで考え抜いた。それはほんとうにすごいことだと思う。

この8つのレッスンについて、私は最初に「どこから読んでもいい」と言ったが、実はこの配置には意図があった。

「コピペ」「個性」については、徹底して【自分】について考えるためのテーマであった。そして「サイコパス」あたりからは、「同性愛」「友だち」といったように、【他者】との関係という視点が加わった。そして「AI」「転売」「仕事」に至っては、より大きな【社会】や【時代】といったものを捉え直すための問いになっていた。後半に進むにつれて議論は高度になり、話も小難しくなっていったと思う。「なんだかついていけないぞ……」と君が思ったとしても、それは当然のことだったのである。

だからこそ、ここまでたどりついたのは、ほんとうにすごいことだ。

また、読んでいるうちに「おや？」と思った人もいたかもしれない。というのも、この本では、**最初に提示された問いが、最終的にはいつもひっくり返されてしまうのである。**

コピペの是非を問うたかと思えば、それを問うても意味はないと言われる。働かずに生活するのはありかどうかを考えていたかと思えば、その問い自体がもう成立しないかもしれない、などと言われる。そのたびに君は、「ズルい！」と思ったかもしれない。

しかし、**現実では、目の前に提示された選択肢や問いそのものが正しくないということが、当たり前のようにある。**君に伝えたかったのは、哲学的に考えることである。そして、哲学は常識をあえて解体しようとする試みだ、と最初に私は言った。**まさに、常識がひっくり返されていく感覚を、君には味わってほしかったのである。**

さて、この8つのレッスンは、文字通り「練習」でしかない。現実にはもっと複雑で、理不尽で、挑み甲斐のある問題が山ほどある。**そして今、君たちはそれに挑むための「思考の武器」、つまり「考え抜くための型」を得たわけだ。**

最後にもう一度、確認しておこう。

ステップ1　直感をもとに立場を決める
ステップ2　根拠に説得力を持たせる
ステップ3　別の観点から問い直す
ステップ4　使える結論を導き出す

この4つのステップさえ覚えておけば、とりあえずは大丈夫。型を知っていれば、それを破ることもできる。常識に囚われることなく、君ならではの方法で考え抜いていってほしい。

最後にひとつだけ。

私たちの人生には「正解」などない。

どれだけ考え抜いたところで、「答え」など出ない。

それでも、私たちには「答え」を出して進まねばならない瞬間がある。

理不尽に立ち向かわなければならない瞬間が、必ずやってくる。

私は、君のもとにその瞬間がやってきたときに、なんとかして「**よりよい選択**」をするための力を伝えたかった。

考えることは難しいが、考えることは君を自由にもしてくれる。私はそう信じて疑わない。だからこそ、何十年も飽きることなく、教育の現場で「**哲学のエッセンス**」を学生たちに伝えてきたのである

この本を通して、「考える」ことの楽しさが、少しでも伝わったのなら幸いだ。

改めて言わせてほしい。

哲学の世界へようこそ。

THINK
THROUGH

岡本裕一朗（おかもと・ゆういちろう）
1954年福岡県生まれ。玉川大学文学部名誉教授。
九州大学大学院文学研究科哲学・倫理学専攻修了。博士（文学）。
九州大学助手、玉川大学文学部教授を経て、2019年より現職。
西洋の近現代哲学を専門とするが興味関心は幅広く、
哲学とテクノロジーの領域横断的な研究をしている。
著書『いま世界の哲学者が考えていること』（ダイヤモンド社）は、
21世紀に至る現代の哲学者の思考をまとめあげベストセラーとなった。
他の著書に『フランス現代思想史』（中公新書）、
『12歳からの現代思想』（ちくま新書）、
『モノ・サピエンス』（光文社新書）、
『ヘーゲルと現代思想の臨界』（ナカニシヤ出版）など多数。

ブックデザイン　吉田考宏
校正　株式会社麦秋アートセンター

哲学の世界へようこそ。
答えのない時代を生きるための思考法

2019年11月13日　第1刷発行

著　者　岡本裕一朗
発行者　千葉 均
編　集　天野潤平
発行所　株式会社ポプラ社
〒102-8519　東京都千代田区麹町4-2-6
電話　03-5877-8109（営業）
03-5877-8112（編集）
一般書事業局ホームページ　www.webasta.jp
印刷・製本　中央精版印刷株式会社

N.D.C. 104 / 215P / 19cm / ISBN978-4-591-16440-2

P8008263